Arthur Zapp

**Die Rose von Sesenheim**

eine Erzählung aus Goethe's Liebesleben

Arthur Zapp

**Die Rose von Sesenheim**
*eine Erzählung aus Goethe's Liebesleben*

ISBN/EAN: 9783741173790

Hergestellt in Europa, USA, Kanada, Australien, Japan

Cover: Foto ©Andreas Hilbeck / pixelio.de

Manufactured and distributed by brebook publishing software
(www.brebook.com)

Arthur Zapp

**Die Rose von Sesenheim**

Die

# Rose von Sesenheim.

Eine Erzählung aus Goethe's Liebesleben

von

## Arthur Zapp.

 Zweite  Auflage.

Berlin 1896.
Verlag Siegfried Cronbach.

Meiner

lieben Schwester Margarethe

gewidmet

A. B.

## I.

Etwa sieben Stunden von Straßburg, der alten elsässischen Hauptstadt, liegt, rings umgeben von fruchtbaren Feldern und lieblichen Wiesen, das langgestreckte, wohlhabende Bauerndorf Sesenheim. In der Mitte des Dorfes steht die Kirche, deren stattlicher Schieferthurm hoch in die Lüfte emporragt. Dem Gotteshause gegenüber befand sich im Jahre 1770 ein altes, fast baufälliges Häuschen, dem man es nicht ansah, daß es einer der angesehensten Familien des Orts, der des Pfarrers Brion, zur Wohnung diente.

In dem mit gar einfachem Zimmergeräth ausgestatteten Wohnzimmer dieses Hauses befanden sich an einem Spätnachmittag des Oktobers drei Personen: Zwei Männer und eine Frau. Der Aeltere der beiden Ersteren · war ein im Anfang der Fünfziger stehender kleiner, etwas korpulenter Mann, dessen wohlgerundetes, freundliches Gesicht Wohlwollen und einen genügsamen, zufriedenen Sinn verkündete. Behaglich saß er im bequemen Lehnstuhl, aus der langen, zwischen den

Knieen gehaltenen Pfeife dicke Rauchwolken ausstoßend. Neben ihm, ebenfalls auf einem Stuhle, saß eine hohe, hagere Frauengestalt, deren feine, regelmäßige Gesichtszüge auf frühere, nicht geringe Schönheit deuteten. Jetzt mochte die in ihrem ganzen Wesen den Einfluß einer guten Erziehung und eines edlen, mild-ernsten Sinnes verrathende Frau, die mit ihren klaren, klugblickenden Augen den vor ihr stehenden Mann forschend betrachtete, ungefähr sechsundvierzig Jahre zählen.

Dieser Mann, welcher seinen Hut verlegen in den Händen hin und her drehend, vor ihr stand, mochte etwa zehn Jahre jünger sein, als der im Lehnstuhl Sitzende. Seine knochige, magere Figur, das unschön geformte Gesicht mit den kleinen, fast blöde blickenden Augen machte einen nichts weniger als gewinnenden Eindruck. In langsamer, bedächtiger Weise seine Worte wägend, sprach er:

„Herr Pfarrer — Frau Pfarrerin, es ist nicht meine Art, viele Worte zu machen, und so sage ich ohne viele schönklingende Umschweife einfach und gerad' heraus: ich liebe Ihre Tochter Friederike."

Diese Eröffnung kam dem schlichten Dorfgeistlichen, der von der Natur keinen sonderlichen Scharfblick in der Beurtheilung des Seelenlebens Anderer erhalten haben mochte und der in seinem ruhigen, einförmigen Leben keine hervorragende Gelegenheit hatte, seine Menschenkenntniß zu bereichern, ziemlich überraschend.

„Sieh', sieh',“ entgegnete er, das Mundstück seiner Pfeife in die Hand nehmend und das von grauen Locken umwallte Haupt ungläubig schüttelnd, „wer hätte das gedacht! Den leichtfüßigen Springinsfeld, die zwitschernde Lerche, den lustigen Kobold — den lieben Sie? Das hätte ich mir nie träumen lassen. Was sagst Du dazu, liebe Magdalene?“

Die Angeredete konnte sich eines leichten Lächelns nicht erwehren.

„Ich habe längst so etwas bemerkt,“ antwortete sie in ihrer ruhigen Weise.

„Du hast es längst bemerkt?“ sprudelte der mit einem lebhafteren Naturell begabte Eheherr heraus, und nachdem er ein paar kräftige Züge aus seiner Pfeife gethan hatte, fügte er, die neben ihm Sitzende mit einem Blicke der Bewunderung streifend, hinzu: „Ja, ja, Ihr Frauen habt einen wunderbaren Scharfblick in diesen Dingen. Ihr seht oft, ohne hinzublicken, wo wir schauen ohne zu sehen. Also Sie lieben unser Kind? Doch wer liebte sie nicht? Der himmlische Vater hat uns reich gesegnet in unsern Kindern, sie wachsen uns zur Freude an Leib und Seele gesund heran, aber die Friedrike hat er am gütigsten bedacht. Wie ein Sonnenstrahl, wo er hintrifft, alles erhellt und erwärmt, so bringt sie überallhin Lust und Fröhlichkeit. Glücklich der Mann, dessen Haus sie bereinst

durch den Zauber ihrer Frohnatur zum Paradiese um-
gestalten wird!"

Der Andere entgegnete mit einer ihm nicht ganz
natürlich anstehenden Bescheidenheit: „Sie haben Recht,
Herr Pfarrer, Friedrike ist ein Engel und ich bin nicht
werth, sie zu besitzen."

Der Pfarrer konnte sich immer noch nicht so recht
mit dem Geständniß befreunden, das ihm der Amtmann Schübler, der nun schon seit Jahr und Tag in
seinem Hause verkehrte, eben in so unerwarteter Weise
gemacht hatte.

„Offen gestanden, Herr Amtmann," bemerkte er,
„ich hätte es lieber gesehen, wenn die Aeltere, die
Marie, zuerst — doch freilich," unterbrach er sich selbst
in seinem Gedankengang, „die Herzen lassen sich nicht
lenken und wo der Himmelsfunke, den die Menschen
Liebe nennen, einmal hinfällt, da zündet er." Es war
nicht seine Art, sich lange den Absichten Anderer zu
verschließen. „Nun, wenn es auch Friedrikens Wunsch
ist —" er blickte mit einem schmunzelnden Lächeln zu
dem Werbenden hinüber — „na, darüber werden Sie
sich längst Gewißheit verschafft haben — he?"

Der Amtmann schlug verlegen seine Augen zu
Boden. „Ich hielt es für passender, mich zuerst der
Einwilligung der Eltern zu versichern —" kam es
ziemlich kleinlaut aus seinem Munde.

Das wollte jedoch dem biedern Brion nicht recht natürlich und richtig erscheinen.

„Hm, hm!" machte er kopfschüttelnd. „Ich meine, die entscheidende Stimme habe in dieser Angelegenheit allein das Mädchen. Ich war längst mit meiner Magdalene einig, als ich mich ihren Eltern erklärte."

„Ich rechnete auf Ihre Fürsprache bei Friedrike," warf der Andere ein.

„Nun, wir kennen Sie als einen verständigen, ehrenwerthen Mann. Sie nehmen eine geachtete Stellung ein, haben Ihr reichliches Auskommen — ich wüßte nicht, was ich gegen Sie einwenden sollte." Doch von jeher gewöhnt, in allen wichtigen Angelegenheiten nach dem Rathe seiner getreuen, in den Dingen des praktischen Lebens mit besserer Einsicht begabten Ehegenossin zu handeln, wandte er sich auch jetzt fragend an diese:

„Was meinst Du dazu, liebe Magdalene?"

Die Pfarrerin umging geschickt die direkte Beantwortung dieser Frage, indem sie erwiderte:

„Ich meine, Friedrike ist noch zu jung, um schon an das Heirathen zu denken." Sie neigte zwar nicht zu der Ansicht, daß Friedrike diesem Bewerber gegenüber irgendwelche wärmeren Gefühle empfände, aber in ihrer rücksichtsvollen, schonenden Art wollte sie dem Amtmann nicht jäh jede Hoffnung rauben. Dem Pfarrer aber erschien der Antrag des angesehenen,

wohlsituirten Mannes, jemehr er über denselben nachdachte, desto annehmbarer.

„Sie wird im nächsten Mai achtzehn," warf er ein.
„Ein altes Sprichwort sagt: Jung gefreit, hat niemand
gereut."

„Und ein anderes lautet: Vorgethan und nach-
gedacht, hat Manchen in groß Leid gebracht." Die
Sprechende war sichtlich unangenehm berührt von der
ungewohnten Opposition ihres Gatten und sie hatte
diese Worte in einer nicht zu verkennenden Erregung
gesprochen.

„Nun, nun, liebe Magdalene," lenkte Dieser jetzt
beschwichtigend ein — „ereifere Dich nur nicht. Du
hast Recht, die Sache muß reiflich überlegt werden."
Der Amtmann hatte offenbar nicht auf diese Aufnahme
seiner Bewerbung gerechnet und er mochte noch nicht
recht glauben, daß er, wenn auch nur vorläufig, ab-
gewiesen sei.

„Sie kennen mich seit vielen Jahren," bemerkte er.
„Ich hoffte, daß die Kenntniß meines Charakters
Ihnen die beste Bürgschaft für die Zukunft Ihrer
Tochter bieten würde." Das gekränkte Selbstgefühl
verrieth sich deutlich in dem Ton seiner Stimme und
der gern mit aller Welt in Frieden und gutem Ein-
vernehmen lebende Pfarrer, dem die Empfindlichkeit
des Amtmanns nicht entgangen war, beeilte sich, den-

selben mit der Versicherung zu begütigen, daß man ja nichts gegen ihn habe und ihn nicht kränken wolle.

„O, das sei ferne von uns! Wir weisen Sie nicht zurück, aber eine Frist müssen Sie uns gewähren, die Gesinnung des Mädchens zu erforschen," schloß er.

Auch die Pfarrerin hielt es für geboten, den in der ganzen Umgegend angesehenen Mann nicht im Aerger davongehen zu lassen.

„Uns leitet nur die Rücksicht auf das Wohl unseres Kindes," sprach sie mit ihrer weichen, sympathischen Stimme. „Können Sie uns das verübeln? Wenn es Ihnen gelingt, Friedrike's Zuneigung zu gewinnen, so werden wir die Ersten sein, die sie an Ihr Herz legen."

„Und auf wie lange heißen Sie mich meine Hoffnungen hinausschieben?" fragte Amtmann Schübler, einigermaßen besänftigt.

„Im Mai wird Friedrike achtzehn Jahre alt," beschied die Pfarrerin — „es ist eine kurze Spanne Zeit bis dahin, nicht viel mehr als ein halbes Jahr. Dann mögen Sie Ihren Antrag, der uns ehrt und für den wir Ihnen danken, vor uns und vor Friedrike wiederholen. Bis dahin wollen wir das Kind nicht stören in ihren süßen Mädchenträumen."

Pfarrer Brion nickte zustimmend mit dem Kopfe.

„Wohl gesprochen, liebe Magdalene, wohl gesprochen." Er erhob sich von seinem bequemen Sitze, trat dicht an den Amtmann heran und sprach, ihm seine Rechte auf die Schulter legend: „Und nun, mein werther Herr Amtmann, lassen Sie mich, bevor wir ab- brechen von diesem Gegenstand, noch hinzufügen, daß uns Ihr Besuch nach wie vor lieb und angenehm sein wird."

In diesem Augenblick wurde die Thür, welche nach dem Flur führte, hastig aufgerissen und ein junges Mädchen von zwanzig Jahren trat lebhaft in das Zimmer hinein, während ihre gerötheten Wangen und ihre leuchtenden Augen deutlich ihre innere Erregung verkündeten.

„Georg, der Wirthssohn aus Drusenheim —" spru- delte sie noch unter der Thür fast athemlos heraus. Dann den Besucher erblickend, unterbrach sie sich in dem angefangenen Satze und ihn mit zierlichem Knix begrüßend, sprach sie:

„Ah, guten Tag, Herr Amtmann!"

„Guten Tag, Mamsell Marie," gab Der mit linkischem Kratzfuß zurück.

Die älteste Tochter des Pfarrhauses in Sesenheim war eine mehr ländliche, wie zarte Schönheit. Ihre Gestalt war mehr stark und voll als schlank und ihre Züge waren zwar in ihrem Gesammteindruck hübsch zu nennen, aber nicht von der zarten Bildung des mütterlichen Antlitzes. Aus ihren braunen Augen blitzte ein neckischer, schelmischer Sinn und ihrem ganzen Wesen und Aeußeren war der Stempel eines lebhaften, heiteren und vielleicht etwas oberflächlichen Naturells aufgedrückt.

„Was ist mit dem Georg?" forschte der Pfarrer.

„Er ist in aller Eile herübergekommen von Drusenheim," berichtete die Gefragte eifrig, „um anzumelden, daß der Vetter Fritz mit einem fremden Herrn Studenten aus Straßburg bald bei uns eintreffen werde."

Lächelnd streichelte der Vater die erhitzten Wangen des jungen Mädchens. „Ist es diese Nachricht, oder das Feuer auf dem Kochherd, das Deine Wangen so roth gefärbt hat?"

Die Farbe auf den Wangen der Gefragten wurde noch um einen Schatten dunkler, während sie mit einem schnellen Seitenblick auf den Amtmann verlegen den Kopf senkte.

„Laß mir das Mädchen in Ruh'!" kam ihr die Mutter zu Hilfe, indem sie dem Gatten scherzhaft mit dem Finger drohte.

„Komm', Marie!" forderte sie dann die Tochter auf. „Laß uns hinaufgehen und das Giebelzimmer für die angemeldeten Gäste herrichten! Ich sehe Sie wohl noch, Herr Amtmann."

Die beiden Männer blieben allein in dem Zimmer zurück.

„Ja, ja," sprach der Pfarrer, die inzwischen ausgegangene Pfeife wieder in Brand setzend und in dem nicht sehr geräumigen Gemach auf und abschreitend,

„die Herren Studiofi werden Leben in unſer ſtilles Pfarrhaus bringen. Ich freue mich wahrhaftig von Herzen auf die in Außſicht ſtehende geräuſchvolle Abwechſlung in unſerm einförmigen Dorfleben.“

Der Amtmann, obſchon an Jahren jünger, als der Pfarrer, empfand jedoch weniger Sympathie mit dem friſchen, lebhaften Treiben der Jugend und insbeſondere war das ungebundene, derbe ſtudentiſche Weſen dem ſteifen, pedantiſchen Manne von jeher ein Gräuel geweſen.

„Ja, lärmend genug ſind ſie,“ bemerkte er — „dieſe Herren von der Univerſität. Das drängt ſich überall unbeſcheiden und überlaut hervor und thut ſo, als ob die ganze Welt für ſie allein erſchaffen wär'.“

Der Pfarrer blies ein paar dicke Rauchwolken vor ſich hin, ſo daß er auf einige Augenblicke für den Andern faſt unſichtbar war.

„Junges Blut, Herr Amtmann, muß austoben,“ ſagte er darauf, das Mundſtück der Pfeife mit den Zähnen loslaſſend. „Das gährt und ſiedet und brauſt und iſt immerfort in Bewegung. Doch es iſt nicht der ſchlechteſte Wein, der die ſtärkſte Gährung hinter ſich hat. Ich liebe die ſtillen, kopfhängeriſchen, jungen Leute nicht. Wer in ſeinen jungen Tagen nicht hie und da über die Schnur gehauen, den packt es oft erſt in ſeinen alten, und dann iſt es ſchlimm, ſehr ſchlimm. Nein, der Jugend geziemt Munterkeit, dem

Alter Ruhe. Ich habe es gern, wenn die Jugend um mich herum ihr leckes, lustiges Wesen treibt. Da denke ich mich zurück in meine eigene fidele Studentenzeit, wo auch mir der volle Humpen entgegen lachte, wo auch mir in der kräftigen Faust der Schläger blitzte." Der lebhaft sprechende Mann hatte, von den Erinnerungen an seine akademischen Jahre, während welcher er trotz seines theologischen Studiums dem Gott Bachus gar inbrünstig gehuldigt und mehr als eine Mensur gar wacker bestanden hatte, die lange Pfeife am untern Ende ergriffen. Jetzt blieb er vor dem Amtmann stehen und führte mit dem, gleich einem Rapier erhobenen Weichselrohr gegen den scheu und ängstlich zurückweichenden Schübler einige Stiche und Hiebe aus.

„So führte ich das Rapier!" rief er aus, dem Retirirenden hart zusetzend. „So schlug ich die Quart! Nicht mit dem Gesicht pariren, Fuchs! Hei — der saß!"

Der Amtmann rieb sich mit schmerzvoller Miene die getroffene Stelle.

„Aber Herr Pfarrer!"

Diese in vorwurfsvollem, fast ärgerlichem Tone ausgestoßenen Worte seines Gegenüber ernüchterten den in vergangenen Freuden schwelgenden Fechter und schnell das Mundstück dem Ort seiner Bestimmung zuführend, sprach er in den Pausen zwischen den einzelnen Zügen, die er nun wieder aus der Pfeife that:

„Ja, so — sehen Sie, so bin ich nun. Wenn ich mich so recht lebhaft in meine Jugendjahre zurückträume, da geht mein Temperament mit mir durch. Das schickt sich freilich nicht für einen in Amt und Würden befindlichen Diener Gottes. Und es soll mir auch gewiß nicht wieder passiren.“

Sich zur Thür wendend und den Besucher mit einer höflichen Handbewegung zum Vorausgehen einladend, fügte er hinzu:

„Lassen Sie uns einen Gang durch den Garten machen, da wird sich das aufgeregte Blut am ehesten beruhigen!“

Der Angeredete folgte, nichts Böses ahnend, der Einladung und schritt, dem Prediger voraus, dem Ausgang zu. Doch der Letztere, den eben ausgesprochenen Vorsatz schnell wieder vergessend, fühlte sich noch einmal von seinen Erinnerungen übermannt.

„Ja, ja, trotz Theologie und Philologie, ich war ein lustiger Bursch'!“ rief er aus, die sich ihm so prächtig darbietende Gelegenheit zu einem erneuten Ausfall benutzend.

„So führte ich mein Florett!“ Und damit hatte er auch schon dem voranschreitenden Amtmann mit dem spitz auslaufenden Hornabguß seiner Pfeife einen schmerzenden Stich in die Seite versetzt.

Einen Schrei ausstoßend, ließ der Getroffene die bereits ergriffene Thürklinke schnell wieder los und hastig zurücktretend, bekomplimentirte er den Unverbesserlichen zum Zimmer hinaus.

„Nach Ihnen, Herr Pfarrer, nach Ihnen!"

## II.

Während Frau Brion mit Hilfe ihrer Tochter Marie das im Giebel des kleinen Pfarrhauses befindliche Fremdenstübchen zur Aufnahme der angekündigten Gäste in Stand setzte und der Pfarrer sich in Begleitung des Amtmanns Schübler im Garten erging, näherten sich auf einem quer durch die Wiesen sich hinschlängelnden Fußpfad von Drusenheim her zwei Jünglinge dem Schauplatze unserer Erzählung. Der Eine von ihnen, der dem Andern vorausging und der sich hier offenbar auf bekanntem Terrain befand, war der zwanzigjährige Student der Medizin Fritz Weyland, ein Neffe des Predigers in Sesenheim. Ein Zug nachdenklichen, grüblerischen Ernstes ließ ihn als den Aelteren erscheinen, obgleich er in Wirklichkeit um ein Jahr jünger war, als der ihm nachschreitende Genoß.

Ein auffallender Contrast bestand zwischen der Kleidung und dem sonstigen Aeußeren des Letzteren. Die hohe, schlanke Gestalt stak in einem abgetragenen, unmodischen und ihm viel zu eng sitzenden dunklen Rock. Die großen, braunen Augen blickten gar frisch

und lustig in die Welt, während das üppige, dunkle
Haar an den Schläfen glatt anlag und die prachtvoll
gewölbte Stirn zur Hälfte bedeckte. Die feinge-
schnittenen Züge des ungewöhnlich schönen Antlitzes
und die eleganten, gewandten Bewegungen und Ma-
nieren des elastisch dahinschreitenden Jünglings standen
in einem eben so wunderlichen Gegensatz zu seiner ge-
schmacklosen Frisur und seiner ärmlichen Kleidung.
Es war, als habe sich ein stolzer Adler in das häß-
liche Gefieder eines Raben gesteckt. Und in der That
war die Art und Weise, wie der junge Wolfgang
Göthe, der Sohn des vermögenden, kaiserlichen Rathes
Göthe in Frankfurt am Main, sich heute trug, nicht
die ihm gewohnte. Und damit hatte es seine besondere Bewandtniß. Der Studien- und Tischgenosse
Weyland hatte ihm gelegentlich einmal von der Familie seines Onkels Brion in Sesenheim erzählt. Die
Schilderungen, die der Freund von den einzelnen
Gliedern der Pfarrersfamilie machte, hatten den mit
einer lebhaften Einbildungskraft begabten jungen
Göthe unwillkürlich an die Gestalten eines englischen
Romanes erinnert, den er vor Kurzem gelesen und der
ihn in hohem Grade gefesselt hatte. Der Wunsch, die
in idyllischer Einsamkeit so friedlich und glücklich dahin-
lebende, elsässische Pfarrersfamilie kennen zu lernen, die
so viel Aehnlichkeit mit der des „Pfarrers von Wakefield" hatte, war alsbald in ihm rege geworden und

2*

mit großer Bereitwilligkeit war er auf den Vorschlag
Weylands, ihn einmal auf einem Besuche in Sesenheim zu begleiten, eingegangen. Um nun aber in der
Pfarrersfamilie in aller Unbefangenheit auftreten und
den Eindruck, den er machen würde, nicht von vorge-
faßten Meinungen und äußerlichen Eigenschaften beein-
flussen zu lassen, hatte Göthe beschlossen, sich in fremde,
unscheinbare Kleidung zu stecken und bei seinem ersten
Besuch in der Pfarrersfamilie zu Sesenheim, der er in
Folge der Schilderungen Weyland's kein ganz Unbe-
kannter mehr war, in der Rolle eines armen Candidaten der Theologie zu debütiren. So war man dann,
die Herbstferien benußend, eines Tages nach dem
Mittagsessen, das Göthe und Weyland gemeinschaftlich
im Kreise lieber Genossen einzunehmen pflegten, von
Straßburg zu Pferde aufgebrochen. Ueber Schiltig-
heim, Bischheim und Höhnheim hatte man in etwa
sechs Stunden Drusenheim erreicht, wo in dem einzigen Wirthhause des Dorfes die Pferde eingestellt
wurden. Die auf der Landstraße etwa eine Stunde
Weges betragende Strecke von dort nach dem Ziel
ihres Ausfluges legte man, einen kürzeren Fußpfad
benußend, zu Fuß zurück.

Die beiden rüstig ausschreitenden Freunde hatten
die Dorfstraße von Sesenheim erreicht; auf dem Platze
zwischen der Kirche und dem Pfarrhause sprang ihnen
ein siebenjähriger, schwarzlockiger Knabe entgegen.

„Christian, der Jüngste aus dem Pfarrhause,"
stellte Weyland den Knaben vor.

Göthe, der sich sofort des Moses Primrose er-
innerte, begrüßte den kleinen Brion lächelnd mit einem:

„Guten Tag, mein lieber Moses!" Verwundert
blickte der Knabe mit seinen großen dunklen Augen zu
dem Fremden empor.

Man hatte zusammen das Pfarrhaus betreten, ohne
daß jemand von den erwachsenen Mitgliedern der
Familie die Ankunft der beiden Studenten gewahr
geworden wäre.

Christian führte seine Begleiter in das Wohnzimmer. Voll Interesse ließ Göthe seine Augen in dem
Zimmer herumwandern.

„Also das ist Dein Heim, mein lieber Moses!"
sagte er endlich, dem Knaben die Hand auf den Kopf
legend. „So ungefähr hab' ich mir's gedacht."

Der Knabe wich scheu zurück und sich an Weyland
schmiegend, sprach er halblaut zu diesem:

„Du, Vetter Fritz, warum sagt Dein Freund immer
Moses zu mir, ich heiße doch Christian?"

„O, Du mußt nicht darauf achten," beschied der
Gefragte lachend, „er phantasirt."

„Phantasirt?" Der Kleine blickte fragend zu dem
Studenten empor — „was ist denn das?"

„Er schwatzt allerlei närrisches Zeug zusammen.
Mit einem Wort: er ist ein Dichter."

„Ein Dichter?" Auch dieses Wort gehörte zu den dem Knaben unbekannten Begriffen. Der Schalk blitzte in Weylands schelmischen Augen auf, während er erwiderte: „Ein Dichter — na, das ist soviel wie ein Lügner."

„Ein Lügner?" Verwundert und fragend blickte Christian den fremden Studenten an.

„Glaub' ihm nicht, mein lieber Moses," nahm jetzt Göthe das Wort. „Ein Dichter ist ein Mensch, der viele herrliche Dinge schaut, die die Andern nicht sehen."

Der Knabe klatschte bewundernd in die Hände.

„Ach, das muß schön sein," rief er dabei aus. „Ich möchte auch ein Dichter werden. Ist das schwer zu lernen?" setzte er etwas kleinlaut hinzu.

Die Reihe zu lachen war jetzt an Göthe gekommen.

„So schwer," antwortete er, „daß es Dein Vetter Fritz in seinem ganzen Leben nicht lernen wird."

„Und Du bist ein solcher Dichter?" forschte Christian, mit scheuer Bewunderung den Fremden anblickend.

„Ich bin noch Keiner," entgegnete Dieser, und halb ernsthaft, halb im Scherz fügte er hinzu: „Ich habe nur wie Du den Wunsch, es bereinst zu werden."

„Nun aber, mein lieber Christian," mahnte jetzt Weyland, „sieh' nach, wo Deine Eltern und Schwestern stecken."

Der Knabe sprang bereitwillig hinaus.

„Wie traulich und heimisch hier alles ist," sprach Göthe zum Freunde, seine vorher unterbrochene Be- sichtigung des einfachen, aber behaglichen Zimmers wieder aufnehmend. „Ich bin wirklich begierig auf die Bekanntschaft dieser biedern Familie Primrose."

„Wenn Du Dich nur nicht enttäuscht fühlen wirst!" versetzte der bedächtige Weyland lächelnd. „Mein hochwürdiger Oheim ist wohl ein gutherziger Mann von echt evangelischer Milde, nichts weniger als ein augenverdrehender Mucker, der den Predigtton auch auf die Verhältnisse des gewöhnlichen Lebens überträgt, aber zu einem Primrose fehlt ihm doch so Manches."

„Nein, nein," protestirte der Andere lebhaft, „ich lasse es mir nicht ausreden, daß ich die prächtigen Gestalten des »Vicar of Wakefield«, jenes entzücken- den Idylls aus dem Leben eines Dorfgeistlichen, hier leibhaftig begrüßen werde."

Weyland betrachtete den phantasievollen Freund mit einem aus Bewunderung und Ironie gemischten Blick, während er entgegnete:

„Nun, was ihnen noch an Deinen Idealen fehlt, das wirst Du schon in sie hinein phantasiren."

Göthe war indeß an den alten, lederüberzogenen Lehnstuhl herangetreten, in dem noch vor Kurzem der würdige Brion geruht hatte. Gedankenvoll sah er auf das alte Stück Möbel herab und vor seinem geistigen Auge stieg die Gestalt des ehrwürdigen Primrose auf,

wie sie ihm nach der Lektüre des Goldsmith'schen Romanes immer als das Ideal eines Landgeistlichen vor-
geschwebt hatte.

„Dort ruht er aus; nach der Arbeit des Tages,"
sprach er, die Gebilde seiner Phantasie in Worte klei-
dend, „der ehrenfeste und doch so milde und weich-
herzige Reverend Primrose. Mit dem Behagen eines
in sich selbst zufriedenen Mannes lehnt er sich in den
Sorgenstuhl zurück, der ihm zur Seite sitzenden, treuen
Ehegenossin von seinen Besuchen in den Hütten der
Armen und Elenden seines Sprengels erzählend. Geschäftig geht Olivia, das praktische Weltkind, hin und her,
die Abendtafel vorbereitend. Still am Fenster sitzt, den
Blick träumerisch über Berg und Thal schweifen lassend,
Sophie, die Liebliche, der gute Engel des Hauses —"

„Ja," fiel hier Weyland lebhaft ein und seine
Augen leuchteten in ungewöhnlichem Glanze, „ja, was
die Sophie anbetrifft, da lasse ich Deinen Vergleich
voll gelten. Herzgewinnender kann ich sie mir nicht
vorstellen, als die anmuthige Friedrike es ist, die Rose
von Sesenheim." Gleich darauf aber verfiel er wieder
in den ihm eigenen spottenden Ton.

„Sei nur auf Deiner Huth," sprach er mit neckischem
Lächeln, „daß Dein armes Herz nicht Feuer fängt!
Es blutet sicherlich noch ohnedies unter dem Trennungs-
schmerz von der hübschen Lucinde."

Ein peinliche Erinnerung verrieth sich in dem

Zusammenziehen der Stirn und der Augenbrauen des Verspotteten.

„Erinnere mich nicht an die leidenschaftliche Französin!" rief er abwehrend aus. „Wie ein Dämon stand sie vor mir, als ich von ihr und ihrer Schwester Abschied nahm. Ehe ich es hindern konnte, hing sie mir am Halse und die Gluth ihrer Küsse benahm mir Sprache und Athem. Unglück über Unglück rief sie aus, ihren Flammenblick lief in den meinen bohrend, für immer und immer auf diejenige, die zum erstenmal nach mir diese Lippen küßt. Ich kann mich eines unheimlichen Schauders nicht erwehren, so oft ich an den Auftritt zurückdenke und ich habe seitdem Keine zu küssen gewagt."

„Das mag Dir schwer genug angekommen sein," spottete der Freund lachend.

Göthe drohte dem moquanten Genossen mit scherzhaft erhobenem Finger:

„Spötter!" Dann, einen Blick in den, zwischen den beiden niedrigen Fenstern des Zimmers hängenden Spiegel werfend, setzte er hinzu:

„Sehe ich aus, als ob ich auf Liebesabenteuer ausginge?"

Weyland betrachtete den alten, von einem Freunde geliehenen Rock, das fadenscheinige Beinkleid und die baumwollenen, an einigen schabhaften Stellen ausgebesserten Kniestrümpfe, in denen der sonst als Muster von Eleganz geltende Göthe sich heute gar wunderlich ausnahm.

„Nein," bestätigte er lachend, „das kann Dir auch die boshafteste Verleumdung nicht nachsagen. Wie das alles eng und kurz ist — dazu diese unglaubliche Frisur! Nimm Dich nur in Acht, daß Du des braven Jung-Stillings Bratenrock nicht vollends aus allen Näthen platzest! Etwas invalid scheint er ohnedies schon zu sein."

Göthe bemühte sich, die viel zu kurzen Aermel des unkleidsamen Rockes etwas länger zu recken. „Ich sehe wohl schandbar häßlich aus?" fragte er den Freund.

„Wie ein Adonis allerdings nicht," spottete Weyland, den sich mit mißvergnügter Miene im Spiegel betrachtenden Genossen mit schadenfrohen Blicken musternd. „Man hat bei Deinem Anblick den Eindruck, als ob Du nicht satt zu essen hättest und es soll mich gar nicht wundern, wenn Dir Friederike, die mildthätige Seele, zum Willkommen ein paar Butterbrode anbietet."

In Göthe stieg bei Erwähnung des jungen Mädchens, deren Bekanntschaft er mit lebhaftem Interesse entgegensah, so etwas wie Reue auf über die voreilige Maskerade, die ihn so verunstaltete.

„Bah," sagte er mit den Achseln zuckend und die unangenehmen Gedanken energisch von sich abschüttelnd,

„Jetzt läßt sich nichts mehr daran ändern, jetzt heißt es, die einmal erwählte Rolle so gut als möglich durchführen. Laß uns schnell noch eine kleine Probe abhalten!"

Weyland, mit guter Laune auf den Gedanken des Freundes eingehend, trat jetzt vor den Lehnstuhl hin, und auf denselben einredend, als ob der würdige Brion noch darin ruhe, sprach er:

„Lieber Oheim, ich habe das Vergnügen, Dir meinen Freund, den Candidaten theologiae, Herrn Thöge vorzustellen."

Schnell setzte sich nun der junge Student selbst in den Sessel und den Stiel seiner Reitgerte wie eine Pfeife zum Munde führend, entgegnete er, so gut er vermochte die Stimme des Onkels nachahmend:

„Gott zum Gruß, Herr Candidatus! Also die theologiam haben Sie erwählet?"

Göthe hatte sich im Geiste der von ihm erkorenen Rolle eines schüchternen, armen PredigtamtsCandidaten unter linkischen Verbeugungen, mit blödem Gesichtsausdruck dem Sessel genähert und mit trefflich verstellter Stimme stammelte er zitternden Tones:

„Theologiam und philologiam, hochwürdigster Herr Pastor, habe ich sechs Semester hindurch cum studio et assiduitate getrieben."

Da wurden plötzlich vom Flur her haftig sich nähernde Schritte vernehmbar. Schnell sprang Weyland von seinem Sitze empor, seine natürliche Haltung wieder annehmend, während Göthe, nachdem er eilig ein paar Schritte zurückgetreten war, mit leicht gekrümmtem Rücken verharrte.

# III.

Während die beiden Studenten sich in dieser Weise auf die Begrüßung mit dem würdigen Pfarrer vorbereiteten, hatte Christian Hof und Garten nach den Eltern und Schwestern durchsucht und endlich auf dem vom Pfarrgarten, an andern Gehöften und Gärten vorbei, nach dem unteren Ende des Dorfes führenden Fußpfad den Vater in Begleitung des Amtmanns angetroffen. Schübler, der sich nicht in der Stimmung befand, dem Empfange der angemeldeten Studenten beizuwohnen, hatte sich bereits auf den Heimweg gemacht und der gutmüthige Pastor hatte ihn gern ein Stück Weges begleitet.

Die Nachricht von dem Eintreffen des angekündigten Besuches, die ihm Christian fliegenden Athems überbrachte, veranlaßte Brion, sich flugs von dem Amtmann zu verabschieden und den ebengewandelten Pfad so eilig, als es ihm bei seinem stattlichen Embonpoint möglich war, zurückzugehen. Mit großen Schritten durchmaß er den geräumigen, sorglich gepflegten Garten, hinter dem sich noch ein schattiger Park, von den Be-

wohnern des Pfarrhauses das Nachtigallenwälbel genannt, erstreckte. Jetzt hatte er durch die Hinterthür
des Hauses den Flur erreicht. Hastig riß er die Thür
zum Wohnzimmer auf, in welchem, wie ihm Christian
während des kurzen Ganges berichtet, die jungen Leute
seiner harrten und mit ausgebreiteten Armen eilte er
auf den ihm entgegentretenden Neffen zu.

„Willkommen, lieber Fritz!" rief er mit ehrlicher
Freude aus, den jungen Mann herzlich umarmend
und ihm einige lautschallende Küsse auf beide Wangen
applizirend. „Es freut mich, daß Du Dich unser
wieder einmal erinnert hast. Was machen die Studia,
theurer Jünger Aesculapii?"

„Ich danke der Nachfrage," entgegnete der Gefragte und auf den bescheiden sich im Hintergrund
haltenden Freund deutend, setzte er hinzu:

„Gestatte, lieber Oheim, daß ich Dir einen Commilitonen aus Straßburg, den Candidaten theologiae
Herrn Thöge vorstelle."

Göthe näherte sich dem Pfarrer getreu im Charakter
seiner Rolle unter ungeschickten Kratzfüßen und erfaßte mit schüchternem Griff die ihm herzlich entgegen-
gestreckte Hand.

„Gott zum Gruß, Herr Candidatus!" lautete die
Begrüßung aus dem Munde des Pfarrers, genau wie
sie der die Art und Weise seines Oheims wohl kennende
Weyland bereits bei der eben vorgenommenen Probe

dem Freunde gegenüber angewandt hatte. „Also die theologiam haben Sie erwählet?"

Der Schalk Göthe mußte sich doch auf die Lippen beißen, um den zur Durchführung seiner Rolle erforderlichen Ernst sich zu bewahren.

„Theologiam und philologiam," entgegnete er, die Augen vor den freundlichen Blicken des würdigen Pfarrers, den man doch recht übermüthig zum Besten hatte, unwillkürlich senkend, „hochwürdigster Herr Pastor, habe ich sechs Semester hinburch cum studio et assiduitate getrieben."

„Auch die historiam ecclesiae fleißig traktiret?" examinirte der Pfarrer gravitätisch weiter, indem er dem künftigen Amtsbruder gegenüber einen feierlicheren Ton anschlug, als ihm sonst eigen war.

„Mit all der Inbrunst, die einer so erhabenen Materiae geziemet," lautete die in entsprechendem Tone gegebene Antwort.

„Und wie steht es mit der Eloquentia?"

„Etwelche Exercitia im Gotteshause meines Heimathdorfes —"

„Nun, nun, das findet sich," unterbrach der Pfarrer, schon ungeduldig und müde des feierlichen Verhörs, und mit lebhaftem Schritt wandte er sich zur Thür, um nach Frau und Töchtern zu rufen.

In diesem Augenblick wurde die Thür, noch bevor sie der Pastor erreicht hatte, von außen geöffnet.

„Da bist Du ja, liebe Magdalene," redete Brion die mit Marie eintretende Ehegenossin an.

„Ah, der Fritz schon da!" rief Frau Brion aus, des Neffen ansichtig werdend und ihm herzlich beide Hände zur Begrüßung reichend. „Herzlich willkommen in Sesenheim!"

Nachdem Weyland die ihm entgegengestreckten Hände der Tante und des Bäschens Marie gedrückt hatte, präsentirte er den Genossen mit den Worten:

„Mein Freund, der Candidat Thöge, den ich Eurer Huld bestens empfehle."

Der Pseudo-Candidat machte einige linkische Verbeugungen und wagte kaum, die Fingerspitzen der ihm von der Pfarrerin freundlich gebotenen Hand zu berühren.

„Aber wo ist denn Friederike — Eure lustige Lerche?" erkundigte sich jetzt Weyland nach der jüngeren Tochter des Hauses.

„Ja, wo steckt denn das Mädchen?" wandte sich auch der Pfarrer fragend an seine Gattin.

„Sie schwärmt noch im Nachtigallenwäldel herum," gab Marie zur Auskunft. „Sie hat ihr Poesie-Album bei sich, in das sie immer die Gedichte einschreibt, die ihr Vetter Fritz aus Straßburg schickt."

„Aha, die Poesieen des Mosjeh Göthe," warf der Pfarrer nickend ein.

„Da steht sie dann," nahm Marie wieder das Wort,

„von dem Glanz der Abendsonne umstrahlt, gleich einer Fee und deklamirt den Vögeln und Bäumen von dem Musensohn, der durch Feld und Wald schweift und sein Liedchen pfeift, von dem Rößlein, das auf der Halde blüht und den Knaben, der es brechen will, mit seinem Dorne sticht."

„Ja, ja," bestätigte die Mutter, „und darüber vergißt sie uns und die ganze Welt."

„So spring' schnell hinunter, Christian, und sage ihr —"

Der Sang einer frischen hellen Mädchenstimme, welcher in diesem Augenblick vom Flur hereintönte, veranlaßte den Pfarrer den angefangenen Satz jäh abzubrechen. Es war die Stimme der Erwarteten, und das Liedchen, das sie nach einer muntern, gefälligen Melodie sang, war eine im Schweizerdialekt verfaßte Strophe, die Göthe sofort als eines seiner kleineren Gedichte erkannte, die in Abschriften unter seinen Freunden zu zirkuliren pflegten und von denen Weyland, wie er wußte, stets eine Copie nach Sesenheim schickte. Man konnte im Zimmer ganz deutlich die einzelnen Worte der Singenden verstehen:

Uf'm Bergli
Bin i gesässe,
Ha de Vögli
Zugeschaut;

Hänt gesunge,
Hänt gesprunge,
Hänt's Näſtli
Gebaut.

Jetzt wurde die Thür lebhaft aufgeriſſen und herein
ſprang Friedrike, der Liebling des Pfarrhauſes. Das
im ſiebzehnten Lebensjahr ſtehende junge Mädchen
trug ein enganſchließendes weißes Mieder und einen
einfachen, weißen Rock mit einer Falbel, der nur bis
zu den Knöcheln reichte und die zierlichen, in ausge-
ſchnittenen Schuhen ſteckenden Füßchen ſichtbar werden
ließ. Das ſtarke Blondhaar hing ihr in zwei dicken
Zöpfen lang herab, in deren Enden blaue Bänder
eingeflochten waren. Die Geſtalt war ſchlank und zart,
das Geſicht regelmäßig geformt und mit einer leichten
Röthe bedeckt. Die ſchönſte Zierde deſſelben waren
die großen, tiefblauen Augen, die ſo kindlich, treuherzig
und friſch in die Welt blickten, daß ſich Jeder, wie
Göthe, die Hereintretende mit lebhaftem Intereſſe betrachtend, im Stillen meinte, unwillkürlich zu dem
reizenden Geſchöpfe hingezogen fühlen mußte. Am
Arm hing ihr an einem ebenfalls blauen Bande ein
breiträndriger Strohhut, während ſie in der Hand
einen Strauß friſchgepflückter Blumen hielt.

„Endlich — Du Vagabundin!" ſchalt der Vater
mit mehr im Scherz als ernſthaft erhobenem Droh-
Finger.

Das lebhafte Mädchen aber umarmte ihn stürmisch.

„Nicht schelten, Väterchen!" schmeichelte sie — „es war so schön im Wäldel." Und schon hatte sie sich wieder von ihm losgemacht und hing am Halse der Mutter.

„Guten Abend, lieb Mütterchen! Gelt, Du bist mir nicht bös?" Erst jetzt erblickte sie den Vetter.

„Ah, Fritz!" rief sie in freudigem Staunen aus — „das nenne ich eine angenehme Ueberraschung!"

Und den Blumenstrauß in die Höhe haltend, sprach sie zum Vater gewendet, der ihr lächelnd zunickte:

„Du mußt schon heute verzichten, Väterchen!"

Darauf reichte sie dem Vetter mit einem zierlichen Knix die selbstgepflückten Blumen:

„Lieber Vetter Fritz, die Blumen von Sesenheim entbieten Dir durch diese Abgesandte ihren duftigen Gruß."

Weyland nahm den gebotenen Strauß und mit demselben auf den etwas mehr im Hintergrund stehenden Commilitonen deutend, sprach er:

„Und hier mein Freund, der mit mir herausgekommen ist, um die Blumen von Sesenheim zu bewundern?"

Friederike erhob jetzt ihre Augen forschend zu dem Gesicht des fremden, jungen Mannes, den sie vorher nur mit einem flüchtigen Blick gestreift hatte. Es lag in seinen Blicken, die sich jetzt mit den ihrigen be-

3*

gegneten, etwas so Anheimelndes, etwas, das sie so
zutraulich berührte, daß sie unwillkürlich nach dem
Strauße, den eben Weyland an sich genommen hatte,
griff und eine prächtig aufgeblühte Rose herauszog,
und sie dem freudig zugreifenden Studenten reichte.
Dabei sagte sie mit lieblichem Erröthen: „Diese Rose
hauche Ihnen ein würziges Willkommen entgegen, ein
Willkommen in Sesenheim!"

Göthe's Augen hatten seit Friedrike's Eintritt bewundernd an der zarten, duftigen Gestalt gehangen.
Es war ihm, als sei ein Stern an dem ländlichen
Himmel aufgegangen. Es war ein eigenartiger Zauber,
der diese liebliche Mädchenknospe umfloß und ihn vom
ersten Augenblick an gefangen nahm. Er hatte präch-
tigere, stolzere Schönheiten gesehen, aber nie ein Wesen
von so anziehender Lieblichkeit und Zartheit. Ja,
Marie hatte Recht gehabt, als sie die Schwester mit
einer Fee des Waldes verglich. Ganz in die Bewunderung des reizenden Geschöpfes verloren, hatte er gar
nicht mehr an die Maske gedacht, in der er hier auf-
getreten war, und als ihn nun Friedrike mit so freundlichen Worten begrüßte, da war ihm unwillkürlich eine
Artigkeit entschlüpft, die vielleicht nicht dem Charakter
seiner Rolle entsprach. Mit einem innigen Blick auf
Friedrike sagte er, die Rose, welche ihm das junge
Mädchen als Willkommensgruß bot, nehmend:

„Ich danke ihr und ihrer Schwester."

„Hm, hm! für einen Candidaten der Theologie gar nicht übel," brummte der Pfarrer vor sich hin.

Weyland trat schnell an den Freund heran, ihm zuraunend:

„Du, fall' nicht aus Deiner Rolle!"

„Ah, verwünscht!" murmelte Dieser, unwillkürlich an seinen kurzen Aermeln zupfend. „Ach, Fritz," fügte er mit einem leuchtenden Blick auf Friedrike hinzu, „sie ist entzückend!"

„Nur ruhig, Herr Candidat, nur ruhig!" beschwichtigte Weyland mit leisem Spott.

Der Pfarrer stand mit Christian in einer Fensternische, ihn nach dem Stande seiner Schularbeiten fragend, während die Mutter eben damit beschäftigt war, ein weißes Tischtuch über den Tisch zu breiten und die Abendtafel vorzubereiten. Friedrike war zu ihrer Schwester getreten, leise mit ihr plaudernd. Erst jetzt musterte sie den Besucher genauer, erst jetzt bemerkte sie die dürftige, ärmliche Kleidung.

„Sieh nur, Marie," sprach sie, als Göthe sich vergebens bemühte, die Aermel seines Rockes durch Hin- und Herrecken zu verlängern, „sie nur, wie komisch er sich anstellt! Wie er an seinem Rock zupft — wahrscheinlich sein Confirmationskleid." Aber ihr Lachen wich schnell einer Regung des Mitleids. „Und findest Du nicht auch, daß er aussieht, als ob er sich heute noch nicht satt gegessen hätte? Der arme Mensch! Ich kann keinen hungrigen Menschen sehen."

Einem plötzlichen Impulse folgend, trat sie schnell an den Vetter heran.

„Ihr habt einen weiten Weg gehabt, Du und Dein Freund?" redete sie ihn an.

„Du weißt ja," entgegnete er, „sechs Stunden zu Pferde."

„Und unterwegs keine Rast gemacht, keine Erfrischung genossen?" forschte sie weiter.

In Weyland stieg eine Ahnung auf von dem, was nun folgen würde.

„Bewahre!" rief er aus, eine ernste Miene heuchelnd, während er am liebsten laut herausgelacht hätte. „Wir mußten eilen, um noch vor Abend hier zu sein."

Schnell entschlossen wandte sich Friederike zu dem Tisch, auf den die Mutter eben einen Korb mit Wecken und Semmeln gestellt hatte. Sie ergriff denselben und das Gebäck mit einer einladenden Miene dem erstaunt aufblickenden Göthe präsentirend, sprach sie: „Da müssen Sie ja hungrig sein, ich bitte."

Göthe trat unwillkürlich einen Schritt zurück. Wie ein Blitz schoß in ihm die Erinnerung auf an das, was Weyland vorher von Friederikes mitleidigem Herzen ihm gegenüber geäußert hatte. Nun geschah es fast genau so, wie der Freund es vorausgesagt hatte. Er warf einen schnellen Seitenblick auf Weyland, der mit anscheinend ganz harmloser Miene dastand, als wäre das, was Friederike gethan, etwas ganz Selbstverständliches. Sollte der Schelm dem Mädchen einen Wink gegeben haben? Nein, das war nicht denkbar, das hätte er merken müssen. Aber bot er denn wirklich einen so erbarmungswürdigen Anblick dar, daß Friederike sich von solchem Mitleiden ergriffen fühlen mußte? Ein quälendes Gefühl von Scham und Reue kam über ihn und wenn das übermüthige Spiel, das er sich mit dieser braven Familie erlaubte, wirklich eine Strafe verdiente, in diesem Augenblicke hatte er sie erlitten.

Friederike hielt das scheue Zurücktreten, die brennende Röthe der Scham, welche plötzlich die Wangen des fremden Studenten bedeckte, für Aeußerungen einer natürlichen Schüchternheit.

„Nur zugelangt, Herr Studiosus, und nicht genirt!" nöthigte sie, ihm mit dem Korbe nachfolgend.

Zerknirscht nahm Göthe ein Stück von dem Gebäck, ein leises: „Ich danke —" flüsternd.

„Hab' ich's nicht gesagt," kicherte ihm Weyland schadenfroh in's Ohr.

„Geschieht mir ganz recht," entgegnete der Gedemüthigte an der ihm aufgenöthigten Semmel kauend.

„Das ist die wohlverdiente Strafe für die verwünschte Maskerade."

Friederike hatte indeß das Gebäck auf den Tisch

zurückgestellt, nachdem sie noch zuvor Weyland davon angeboten, der aber lachend gedankt hatte.

Pfarrer Brion hatte sich inzwischen überzeugt, daß Christian sein Pensum bereits in zufriedenstellender Weise erledigt hatte. Er näherte sich jetzt den beiden Studenten.

„Nun, lieber Fritz," redete er den Neffen an, „nichts Neues aus Straßburg? Bis die Mutter das Abendmahl aufgetischt hat, könntest Du uns das Eine oder Andere aus Eurem lustigen Studentenleben erzählen."

„Ach ja, ach ja!" riefen Marie, Friederike und Christian wie aus einem Munde aus.

„Ich höre gern von der Jugend und ihren Streichen sprechen," fuhr der Pfarrer fort. „Man vergißt dabei, daß man alt ist. Die vergangenen Zeiten leben wieder auf und man fühlt sich noch einmal jung. Ja, auch ich war ein flotter Bruder Studio!"

Lebhaft blitzten seine Augen und hätte nicht die ausgerauchte Pfeife längst in der Ecke gestanden, wer weiß, ob er nicht, alle guten Vorsätze vergessend, sich zu einer neuen Fechtübung hätte hinreißen lassen.

„Erzähle uns etwas von Deinem Freunde Göthe, dem lustigen Frankfurter Patriziersohn!" kam er auf seine Aufforderung zurück.

„Ja, ja, von Göthe!" fiel der Chor der Kinder ein, die bei früheren Besuchen des Vetters immer mit großem Interesse seinen Schilderungen des Straßburger Studentenlebens und besonders gern die kleinen Anekdoten angehört hatten, die Fritz von dem interessantesten und begabtesten seiner Commilitonen zu erzählen wußte. Indeß hatte Göthe elastischen Sinnes die unangenehme Empfindung von vorhin wieder überwunden. Das seltsame Quiproquo fing an, ihn zu amüsiren und mit Spannung sah er der weitern Entwicklung der pikanten Situation entgegen.

„Du mußt ihn uns einmal mit herausbringen, Fritz," sagte der Pfarrer und, sich dann an den jungen Gast wendend, fragte er:

„Kennen Sie den Göthe, Herr Candidat?"

Der Gefragte entgegnete mit gut gespielter Verstellung:

„Ich? O, nur wenig."

Der gute Brion glaubte sich etwas auf seinen Scharfblick einbilden zu können, während er mit einem schlauen Blick auf den vermeintlichen Candidaten bemerkte:

„Hm, ich sehe, Sie sind nicht des Göthe bester Freund. Na, ich finde das ganz begreiflich," setzte er mit selbstzufriedenem Lächeln hinzu — „es sind ja kaum zwei größere Gegensätze zu denken, als Sie, der ernste gesetzte Candidatus theologiae und Göthe, der lustige, übermüthige Schelm, der das Leben studirt und nebenbei ein wenig die Rechte. Fritz hat uns so viel von ihm erzählt, daß wir alle begierig sind, ihn kennen zu lernen."

„Ja, ja!" bestätigten die Kinder.

„Freilich," fuhr der Pfarrer fort, „dem verwöhnten Großstädter würde es bei uns einfachen Dorfleuten wohl etwas langweilig vorkommen."

„O, nicht doch," protestirte Göthe höflich, für den Moment seine Maske vergessend.

Der Pfarrer blickte ihn überrascht an.

„Hm, hm!" machte er, die, wie er meinte, vorlaute Bemerkung mit einem mißbilligenden Kopfschütteln strafend, „das können Sie wohl nicht beurtheilen, Herr Candidat."

Göthe, sich schnell an seine Rolle erinnernd, verbeugte sich, wie zur Entschuldigung, während sich Friedrike eifrig an Weyland wandte:

„Sage nur Deinem Freunde, lieber Fritz, daß es bei uns gar nicht so langweilig ist, wie er vielleicht glaubt. Wir werden ihm' schon Kurzweil schaffen — er soll nur kommen."

Weyland beeilte sich, indem er dem Freunde einen verstohlenen Blick zuwarf, dem Bäschen die Versicherung zu geben, daß er sich des Auftrags gewissenhaft entledigen werde.

„Sollte ich es jedoch vergessen," bemerkte der boshafte Mensch, auf den neben ihm stehenden Freund mit heuchlerischem Ernst deutend, „so wird mich hier mein Freund Thöge gewiß daran erinnern."

Mit einer allerliebsten Geberde der Bitte trat Friedrike nun an Göthe heran.

„Ach ja, Herr Candidat," bat sie, „nicht wahr, Sie helfen dem Fritz daran denken — mir zu Gefallen?"

Mit innigem Wohlgefallen betrachtete Göthe die vor ihm Stehende, die mit ihren großen Kinderaugen bittend zu ihm aufblickte.

„Recht gern, wenn Ihnen soviel daran liegt, den Göthe kennen zu lernen," entgegnete er lächelnd.

„Gewiß liegt mir daran," bestätigte sie eifrig, „den kennen zu lernen, der so entzückende Lieder zu dichten versteht. Kennen Sie denn seine Gedichte nicht?"

„Ich? Nein, ganz und gar nicht," log er im Charakter seiner Rolle.

„Nicht?" Sie griff in die Tasche ihres Kleides und zog daraus ein zierlich eingebundenes Büchelchen hervor. „Die müssen Sie hören. Ich will Ihnen einige aus meiner Sammlung vorlesen." Sie blätterte in ihrem Album, doch der Vater hielt sie von der Ausführung ihres Vorhabens ab.

„Ein andermal, Friedrikchen, ein andermal," sagte er. „Jetzt soll uns der Fritz etwas von dem Göthe erzählen."

„Ach ja, ach ja!" unterstützen die Andern des

Pfarrers Aufforderung, der Weyland sich nun nicht länger entziehen kann.

„Ja, ja, er hat kuriose Einfälle, der Göthe," nimmt er das Wort, „bei denen Einem zuweilen angst und bange werden kann. Denkt Euch nur, was für ein Stückchen er neulich wieder vollbracht hat! Ganz Straßburg spricht noch heute davon."

„Erzähle, erzähle!" rufen Alle aus. Der Abend ist inzwischen hereingebrochen, es herrscht jene halbe Dämmerung, welche man das Zwielicht nennt. Die Mutter geht geschäftig zwischen Küche und Zimmer hin und her, die Tafel herrichtend und die Arbeiten der Magd in der Küche überwachend. Der Vater hat sich auf seinem Sorgenstuhl niedergelassen, neben ihm steht Christian. Marie und Friedrike stehen am Fenster, von dort aus zu dem in der Mitte des Zimmers stehenden Weyland hinüberblickend. Göthe hat, einer Einladung der freundlichen Pastorin folgend, auf einem abseits im Hintergrund stehenden Stuhl Platz genommen.

„Ihr kennt den Münster," beginnt Weyland seine Erzählung. „Ihr wißt, wie hoch sein Thurm in die Wolken emporragt. Da oben sitzt nun mein Göthe oft stundenlang und starrt mit seinen großen Augen träumerisch in's Weite. Neulich aber — es war gerade um die Mittagsstunde, der Platz unten voll Menschen — da tritt auf das kleine schmale Brettchen, das ganz oben am Halse des Thurmes, dicht unterm Knopf ins Blaue, ohne Geländer, ohne Halt hervorragt der Tollkopf, der Göthe hinaus. Die Menschen bleiben unten stehen, mit bangem Entsetzen starren sie empor, der Athem stockt ihnen in spannender Erwartung: ein Fehltritt, ein leichter Schwindelanfall und er liegt zerschmettert zu ihren Füßen."

„Der Waghals!" kann sich der Pfarrer nicht enthalten auszurufen, während Friedrike, gleich Marie und Christian, in athemloser Spannung der Erzählung lauschend, die Hände schaudernd vor ihr Gesicht hält. Weyland fährt fort, den Freund hin und wieder mit einem schnellen Seitenblick streifend:

„Volle fünf Minuten verharrt der Tollkühne auf seinem luftigen Standpunkt, gleichsam zwischen Himmel und Erde schwebend, denen unten dünkt es eine Ewigkeit. Da endlich tritt er zurück, nachdem er noch zuvor mit der Hand nach unten gewinkt hat, als wolle er sich verabschieden, und schreitet ruhig die steinerne Treppe hinab. Alle athmen auf, wie von einem quälenden Alp erlöst, und als man nun den Herabsteigenden fragt, was ihn zu dem unerhörten Wagstück veranlaßt habe —"

„Wahrscheinlich eine Wette?" wirft hier Brion ein.

„So vermutheten auch wir —" bemerkte Weyland und schließt dann seinen Bericht:

„Da antwortet er lachend: Einer Wette wegen geschah's nicht, ich wollte mir nur den dummen Schwindel abgewöhnen, der mich zuweilen plagt."

Der würdige Pfarrer schüttelt energisch mißbilligend das Haupt.

„Den Schwindel abgewöhnen, das ist doch stark! Und dabei riskirt er Hals und Bein?"

Friedrike athmet erleichtert auf. In fieberhafter Erregung hat sie den Bericht verfolgt, der auf ihr leicht empfängliches Gemüth denselben Eindruck gemacht hat, als hätte sie dem erzählten Vorgang selbst beigewohnt. „Ich habe seinetwegen eine Todesangst ausgestanden," gesteht sie in ihrer offenherzigen Weise.

Göthe hat voll Interesse die Wirkung beobachtet, welche die Erzählung Weylands auf die Zuhörer, namentlich auf Friedrike, hervorbringt.

„Sie ist ein Engel," spricht er bei sich.

Auch Frau Brion hat, sich in ihrer Beschäftigung unterbrechend, die Erzählung mit angehört.

„Der schlimme Mensch!" läßt sie sich jetzt mit mildem Tadel vernehmen. „Hat er denn gar nicht an seine Mutter gedacht, als er sein Leben so leichtsinnig aufs Spiel setzte?"

Auf Göthe hat die ruhige und sanfte Art der Pfarrerin den besten Eindruck gemacht und er möchte gerade von ihr nicht falsch beurtheilt sein.

„Aber es war ja nicht so gefährlich —" führt es ihm unwillkürlich heraus.

Der Pfarrer neigt nunmehr zu der Ansicht, daß dieser Candidat Thöge trotz seines Unkischen, zurückhaltenden Wesens, doch ein etwas vorlauter Mensch sei. „Nicht gefährlich? Hm, hm!" macht er verweisend. „Erlauben Sie, Herr Candidat, das scheinen Sie doch nicht recht zu verstehen."

„Nicht gefährlich?" Auch Friedrike hat es erregt ausgerufen und mit gerötheten Wangen und blitzenden Augen fährt sie in ihrem Eifer, dem Bravourstückchen Göthe's nichts von seiner bewunderungswürdigen Kühnheit nehmen zu lassen, fort: „Ja, freilich, ungefährlich ist es, das hier im sichern Stübchen zu behaupten, aber wenn es gälte, ihm das Wagstück nachzumachen, dann, Herr Candidat, dann würden Sie vielleicht weniger Muth beweisen."

„Friedrike!" mahnt die Mutter zurechtweisend.

„Ich? Das ist auch etwas ganz Anderes," entgegnet Göthe mit heuchlerischer Bescheidenheit, innerlich entzückt über die lebhafte Parteinahme Friedrike's für ihn, dessen Anwesenheit sie nicht ahnt.

„Ja, ja, Sie haben Recht," bemerkt der Pfarrer lachend. „Das ist auch etwas ganz Anderes. Sie — ein Candidat der Theologie!"

Friedrike schwärmt für den interessanten Freund ihres Vetters, seitdem ihr der Letztere die Gedichte desselben mitgetheilt hat. Sie verlangt noch mehr über Göthe zu hören. Auch die Uebrigen schließen sich

diesem Wunsche an und Weyland läßt sich nicht lange
nöthigen.

„Es war in der vergangenen Woche," beginnt er
eine neue Erzählung, „spät am Abend. Wir hatten
unser Abendmahl in der Krämergasse etwas ungewöhnlich lange ausgedehnt. Der Becher kreiste gar
fröhlich und eine Geschichte jagte die andere. In der
Mitte der Tafel präsidirte unser liebenswürdige, acht-
bare Senior Dr. Salzmann. Ihm zur Rechten saß
Göthe, der Ausgelassenste unter den Ausgelassenen und
dem gegenüber der phantastische, fromme Jung-Stilling.

Links neben Salzmann hatte ich meinen *Platz,
zwischen mir und Jung-Stilling saß der schöne, leicht-
sinnige Meyer von Lindau und auf der andern Seite
hockte der ehrenfeste Franz Lerse, der beste Schläger
der Universität. Eben noch hatten die Wände des
Zimmers von dem fröhlichen Lachen widerhallt, das
Göthe durch seine lustigen Einfälle der Tafelrunde zu
entlocken wußte. Plötzlich aber trat eine lautlose Stille
ein. Jung-Stilling hatte sich des Worts bemächtigt
und er mißbrauchte es, um eine seiner unheimlichen
Gespenstergeschichten auf uns loszulassen. Der Mensch
besitzt eine wahre Virtuosität, Einen gruseln zu machen,
und wir Alle standen machtlos im Banne seiner Er-
zählungskunst. Er war eben bei der effektvollsten
Stelle seiner haarsträubenden Spukgeschichte angelangt,
als die große Schwarzwälder an der Wand mit

dumpfen, unheimlich klingenden Schlägen die Geisterstunde verkündete. Ein kalter Schauer durchrieselte die
ganze Gesellschaft: Die Situation war peinlich, unerträglich. Da plötzlich springt mein Göthe, der mit
wirrem Haar, mit düster blickenden Augen dagesessen
und, gleich den Andern, in martervoller Spannung der
Erzählung gelauscht hatte, jäh empor. Heldi, wie der
Blitz fährt er hinaus zur Thür! Ich ihm nach. Was
hat er nur wieder? denk' ich bei mir. Er eilt durch
die Straßen, ich wie sein Schatten immer hinter ihm
her. Und wohin geht der Weg? Zum Kirchhof draußen
am Thor. Am Portal macht er einen Augenblick
Halt — es war verschlossen. Mein Göthe aber, ohne
sich lange zu bedenken, schwingt sich über die Mauer
und da wandelt er zwischen den Gräbern lautlos, wie
ein Gespenst. Eine Weile sehe ich ihm zu, durch das
Gitter des Thores. Bald läßt er sich auf einem der
Leichenhügel nieder, bald springt er wieder empor und
schreitet weiter zwischen den Gräbern. Da packt mich
das Entsetzen, ich eile hinweg und schweißtriefend lange
ich in meiner Wohnung an. Am andern Morgen,
nach einer fast schlaflos verbrachten Nacht, mache ich
mich in aller Frühe in Göthes Wohnung — er liegt
noch im Bett und schläft, als sei nichts geschehen, den
sanften Schlaf des Gerechten. Ich wecke ihn. Mensch!
schreie ich ihn an — was in aller Welt hattest Du so
spät in der Nacht noch auf dem Kirchhof zu suchen?

4

Er reibt sich lachend die Augen: Du bist's? Warum ich zwischen den Wohnungen der Todten nachtwandelte, willst Du wissen? Nun, Jung-Stillings dumme Gespenstergeschichte hatte mich gruseln gemacht. Das verdroß mich. Zum Teufel mit der Gänsehaut! sagte ich mir. Und da ich·die Radikalkuren liebe, so verbrachte ich die Geisterstunde zwischen den Gräbern, um das Fürchten zu verlernen."

Alle waren mit ersichtlicher Spannung der von Weyland lebhaft und anschaulich vorgetragenen Erzählung gefolgt. Es gewährte Göthe ein wonniges Vergnügen, die verschiedenartige Wirkung zu beobachten, welche die Erzählung auf die einzelnen Zuhörer hervorbrachte.

„Dieser Göthe ist doch ein Teufelskerl!" lachte der Pfarrer mit vielem Behagen.

„Ein entsetzlicher Mensch!" bemerkte die sanfte Pfarrerin mißbilligend.

Friedrike hatte mit der ehrlichsten Bewunderung an den Lippen des Erzählers gehangen.

„Aber Muth hat er, wie ein Gott!" rief sie nun mit leuchtenden Augen aus.

Anders die Schwester. Bei ihr trat die Bewunderung der Unerschrockenheit des Helden der kleinen Geschichte hinter den unheimlichen Eindruck, den die Schilderung der nächtlichen Exkursion nach dem Kirchhof, verstärkt durch die inzwischen vollständig eingetretene Dämmerung, auf ihr furchtsames Gemüth hervorgebracht hatte, fast vollkommen zurück.

„Mir ist ganz ängstlich zu Muthe," gestand sie zitternd.

Auch auf den kleinen Christian hatte die Erzählung eine ähnliche Wirkung gehabt. Furchtsam schmiegte er sich an das Knie des lachenden Pfarrers.

„Vater, ich fürchte mich," klagte er fast weinend. Es war ein guter Einfall, der dem gutherzigen Pfarrer jetzt kam, um den Druck von den ängstlichen Gemüthern zu nehmen.

„Schnell, Friedrike," gebot er — „gieb uns etwas aus Deiner Gedichtsammlung zum Besten! Möge die Poesie Göthe's die unheimliche Stimmung verscheuchen, in die Euch die Erzählung von seinen abenteuerlichen Streichen versetzt hat."

Friedrike war natürlich gern bereit, der Aufforderung des Vaters nachzukommen.

„Das letzte Gedicht, das mir der Fritz geschickt hat, Ihr kennt es noch nicht. Es ist ein Lied von der Sehnsucht. Wollt Ihr es hören?"

„Ja, ja!" riefen alle durcheinander.

Friedrike tritt in die Mitte des Zimmers, in welchem jetzt das Licht des weichenden Tages nur noch schwach mit der siegreichen Dämmerung des anbrechenden Abends kämpft. Der Pfarrer sitzt Friedrike gegenüber auf seinem Lehnstuhl, an ihn schmiegt sich Christian.

4*

Marie und die Mutter stehen nahe der Thür, links von Friedrike, während Göthe und Weyland gegenüber an der Hinterwand ihren Platz haben.

Schlicht, aber mit zum Herzen bringender Innigkeit und mit klangvoller, weicher Stimme spricht das junge Mädchen die Verse:

„Was zieht mir das Herz so?
Was zieht mich hinaus?
Und windet und schraubt mich
Aus Zimmer und Haus?
Wie dort sich die Wolken
Um Felsen verziehn!
Da möcht' ich hinüber,
Da möcht' ich wohl hin!

Nun wiegt sich der Raben
Geselliger Flug;
Ich mische mich drunter
Und folge dem Zug.
Und Berg und Gemäuer
Umfittigen wir;
Sie weilet da drunten,
Ich spähe nach ihr.

Da kommt sie und wandelt;
Ich eile sobald,
Ein singender Vogel,
Zum buschigen Wald.

Sie weilet und horchet
Und lächelt mit sich:
Er singet so lieblich
Und singt es an mich.

Die scheidende Sonne
Vergoldet die Höhn;
Die singende Schöne,
Sie läßt es geschehn.
Sie wandelt am Bache
Die Wiesen entlang,
Und finster und finst'rer
Umschlingt sich der Gang.

Auch in dem Gemache war es immer dunkler geworden. Die Mutter hatte der ältesten Tochter einen
Wink gegeben und Marie hatte still das Zimmer ver-
lassen. Göthe war während der letzten Verse von
seinem Sitz aufgesprungen, hingerissen von der an-
sprechenden Deklamation seines Gedichtes. Vergessen
war die Maske, in der er sich hier eingeführt, in freudiger Bewunderung hingen seine Blicke an dem aus-
drucksvollen Antlitz des jungen Mädchens, auf dem sich
alle Empfindungen der Seele deutlich widerspiegelten.
Da kehrte Marie zurück, in der Hand eine brennende
Lampe, die das eben noch dunkle Gemach mit hellem
Licht erfüllte. Durch den plötzlichen Schein geblendet,
hatte Friederike einen Augenblick die Augen geschlossen.
Als sie sie wieder öffnete und ihre Blicke zufällig denen

Göthes begegneten, die jetzt einen so ganz anderen Ausdruck zeigten als früher, da stockte sie befangen. Sie konnte die Anfangsworte des Schlußverses nicht finden und peinliche Verlegenheit malte sich auf dem erglühenden Gesicht. Da tritt Göthe, gepackt von der Situation und getrieben von dem Wunsche, dem bewunderten Mädchen zu Hilfe zu kommen, schnell ein paar Schritte in's Zimmer hinein und alle anderen Rücksichten und Bedenken aus den Augen setzend, spricht er mit feurigem Schwunge die Schlußstrophe:

„Auf einmal erschein' ich,
Ein blinkender Stern.
Was glänzet da droben,
So nah und so fern?
Und hast du mit Staunen
Das Leuchten erblickt,
Ich lieg' dir zu Füßen,
Da bin ich beglückt."

Und hingerissen von dem Geiste der eigenen Dichtung wirft er sich auf die Kniee nieder vor dem ihn mit weit geöffneten Augen verwunderungsvoll anstaunenden jungen Mädchen. In wortlosem Staunen sind auch die Anderen dem sich so schnell und so unerwartet abspielenden Vorgang gefolgt.

Erst jetzt findet der zürnende Pfarrer Worte:

„Aber Herr Candidat, was soll das bedeuten?" ruft er ärgerlich aus.

Wie gebannt hängen Friedrike's Blicke an dem von schwärmerischer Begeisterung leuchtenden Antlitz des Studenten, der jetzt einen, dem früheren ganz entgegengesetzten Eindruck macht. Ist denn das derselbe junge Mann, der sich ihr so linkisch genähert hat? Ist es möglich, daß der steife, pedantische Predigtamts-Candidat eine so glühende Empfindung besitzt, wie sie sich soeben in der Deklamation des Schlußverses verrathen? War das wirklich der Candidat Thöge? Thöge! Klingt das nicht ganz ähnlich wie — Göthe! In dem feinfühligen Mädchen zuckt plötzlich fast instinktiv das Verständniß der Situation auf.

„Er ist es!" ruft sie triumphirend aus — „Göthe ist es! Seht Ihr es denn nicht?"

Der Knieende kommt jetzt plötzlich zum Bewußtsein des begangenen Fehlers. Hier ist nichts mehr ungeschehen zu machen, nichts mehr zu verbergen. Hier ist nur Eines: ein offenes, ehrliches Geständniß am Platze.

„Ja, Göthe," wendet er sich jetzt zu dem überraschten Pfarrer, „ich bin es, Göthe, der herzlich um Verzeihung bittet für den kecken Maskenscherz, den er sich mit Ihnen erlaubte."

Einen Augenblick stutzt der Pfarrer. Die jungen Leute haben also ihr muthwilliges Spiel mit ihm getrieben. Schon will er ärgerlich aufbrausen, da legt sich beschwichtigend die Hand seiner milden Gattin auf seinen Arm und lächelnd blickt sie ihm in die Augen.

Sein guter Humor gewinnt in ihm die Oberhand. Hat er nicht eben noch über die Schelmenstücke dieses Göthe herzlich gelacht und steht dieses neue Stückchen nicht ganz im Einklang mit den früheren? „Jugend muß austoben!" Er erinnert sich dieser Worte, die er vorher zu dem grämlichen Amtmann gesprochen. Lächelnd erhebt er den Finger gegen Göthe:

„Schelm!" Und zu den Anderen gewendet, setzt er mit guter Laune hinzu: „Das war ein rechter Göthe-Streich!"

# IV.

Es waren köstliche Stunden, welche die beiden
Studenten bei der gastlichen Pfarrerfamilie ver-
lebten. Nach der unter Scherz und Lachen eingenom-
menen Abendmahlzeit wurde ein Spaziergang im Nachtigallenwäldel unternommen. Es war ein herrlicher,
milder Abend. Vom klaren Himmel blickten der Mond
und Myriaden von glänzenden Sternen herab, die ver-
schlungenen Wege des Parkes hell beleuchtend.

Voran schritten der Pfarrer und die Pfarrerin mit
Christian, hinter ihnen folgte Weyland und Marie,
zuletzt Göthe mit Friedrike. Weyland und Marie
führten eine laute, mit allerlei Neckereien gewürzte und
durch häufiges Lachen unterbrochene Unterhaltung. Bei
dem nachfolgenden Paare war es zumeist Friedrike, die
die Kosten der Unterhaltung bestritt. Es gewährte
Göthe einen eigenthümlichen Genuß, dem naiven Geplauder des herzigen Kindes zuzuhören. Die Mädchen-
gestalten, die ihm bisher auf seinem Lebenswege be-
gegnet waren, waren zum Theil stolze, strahlende
Schönheiten, zum Theil gefallsüchtige, leidenschaftlich

begehrende Naturen gewesen. Hier erschloß sich ihm zum erstenmal die reine, unberührte Seele eines einfachen, natürlich empfindenden und phantasiereichen Kindes. Hier gab es keine Künste der Koketterie, hier war nichts berechnet, nichts ersonnen, alles in ihr war unverfälschte Natürlichkeit und was auf dem Grunde der Seele vorging, das verrieth sich alsbald deutlich in den Mienen des lieblichen Gesichtes. Sie erzählte ihm von den kleinen Freuden ihres einfachen Lebens, von den Eltern und Geschwistern, die alle so gut gegen sie, von ihren Streifereien durch Wald und Feld, von ihrem Verkehr mit der Natur, die sie schwärmerisch liebte. Es war lange her, daß Göthe einen so friedlich-heiteren, so ruhigen Abend verlebt hatte, dennoch währte es geraume Zeit, bis ihn die Empfindungen des erregten Herzens in dieser Nacht zur Ruhe kommen ließen.

Am Nachmittag des nächsten Tages nahmen die beiden Freunde Abschied von der gastlichen Pfarrerfamilie, Beide herzlich aufgefordert, dem kurzen Besuch recht bald einen neuen, längeren folgen zu lassen. Göthe war während seines Rittes nach Straßburg still und in sich gekehrt; seine Gedanken weilten in dem eben verlassenen Ort und seine Empfindungen gestalteten sich ihm wie von selbst zu poetischen Worten, die er am nächsten Tage zugleich mit einem herzlichen Brief an Friedrike sandte. Sie antwortete freundlich und nun entspann sich ein reger Verkehr zwischen dem Studenten, der jetzt häufiger als früher die lärmende Gesellschaft der Freunde floh, und dem stillen Pfarrhaus im Elsaß. Briefe und Bücher wanderten gar häufig hin und her. Schon im nächsten Monat machte Göthe in Begleitung des Freundes einen zweiten Besuch in Sesenheim, aber auch diesmal blieb er nur kurze Zeit. Auch die Weihnachtsferien verlebte er in der freundlichen Pfarrerfamilie und viel zu schnell vergingen ihm die Tage, die er meist an Friederike's Seite in der glücklichsten Stimmung verbrachte. Ohne sich Rechenschaft von seinen Empfindungen zu geben, überließ er sich rückhaltlos dem eigenthümlichen Zauber, den die herzgewinnende Natürlichkeit Friederike's, die Frische ihres Wesens auf ihn ausübte. Und Friederike? Konnte das einfache Naturkind das Wesen der sonderbaren Veränderung begreifen, die mit ihr vorgegangen war? Früher stets voll lustiger Einfälle, gedankenlos dahin lebend, den ganzen Tag lachend und singend, war sie jetzt oft still und in sich gekehrt. Ganze Stunden brachte sie einsam auf der Bank auf jenem rasenbelegten Plätzchen im Nachtigallenwäldel zu, der von jeher ihr Lieblingsaufenthalt gewesen war. An der Seite des Freundes ging ihr die Ahnung eines neuen Lebens auf. Wie hing sie an seinen Lippen, wenn er ihr von seinen Plänen und Entwürfen erzählte, wenn er ihr die eine oder andere seiner poetischen Arbeiten vorlas! So hatte noch keiner der Männer ihres kleinen Bekanntenkreises ihren Geist zu beschäftigen verstanden, ihren Sinn zu erheben gewußt, am wenigsten der langweilige, hölzerne Amtmann Schübler, der gerade neuerdings seine Gesellschaft ihr aufdrängte, wo er nur irgend konnte. Nur wenn die Herren Stublosi aus Straßburg anwesend waren, vermied es der Amtmann, sich im Pfarrhause zu zeigen. Scheute er das Zusammentreffen mit dem gewandten, geistsprühenden, jungen Studenten, neben dem er eine um so kläglichere Rolle spielen würde?

Der zehnte Mai, der Tag von Friedrike's Geburtstag, war gekommen. Göthe und Weyland, sowie einige Verwandte und Bekannte der Familie hatten ihren Besuch zugesagt. Friedrike, die von den Eltern und Geschwistern mit manch sinnigem Geschenk überrascht worden war, hatte sich nach der Mittagstafel nach ihrem Lieblingsplätzchen zurückgezogen. Nur wenige Minuten hatte sie träumend hier gesessen, als die Eltern in Begleitung des Amtmannes, der heute eine besonders feierliche Miene zeigte, sie aufsuchen kamen. Sie hatte sich erhoben, den Amtmann zu begrüßen und den Eltern den Platz auf der Bank einzuräumen. Schübler war vor ihr, die an der Seite der Mutter stand, dieselbe mit einem Arm umschlingend, stehen geblieben. Nach einigem verlegenen Räuspern hatte er angefangen, ihr in wohlgesetzter, offenbar vorher sorgfältig einstudirter Rede von seiner Liebe, von seinem Wunsche, sie die Seinige nennen zu können, zu sprechen.

„Und so frage ich Sie, liebwerthe Mamsell Friedrike," hatte er pathetisch seine steife Erklärung geschlossen, „hier vor Ihren Eltern und im Angesichte Gottes, ob Sie gewillt sind, mein christliches Ehegemahl zu werden für Zeit und Ewigkeit?"

Friedrike hatte die Worte des Amtmannes, die ihr vollkommen unerwartet kamen, mit großem Erstaunen angehört. Sie sollte die Genossin dieses mehr als vierzigjährigen, grämlichen und pedantischen Mannes werden? Bei diesem Gedanken überkam sie ein unwiderstehlicher Lachreiz.

„Mich wollen Sie heirathen — mich?" stieß sie lachend hervor. „Ah, das ist zu komisch!"

Der Vater legte sein Gesicht in ernste Falten.

„Liebe Friedrike," sagte er mit mildem Verweise, „ich finde es durchaus nicht komisch, wenn ein verständiger, ehrenwerther Mann Dir seine Hand anträgt."

Ihr Lachen verstummte sogleich und mit ernsthafter Miene wandte sie sich an den Amtmann:

„So ist es also wirklich Ihr Ernst? Sie begehren mich wahr und wahrhaftig zur Frau?"

„Ich würde mir nicht erlauben, mit so ernsten Dingen Scherz zu treiben," gab er gravitätisch zur Antwort.

Ueber Friebrike's Geficht huschte ein schelmisches Lächeln.

„Freilich, es ist nicht Ihre Art, zu scherzen," entgegnete fie. „Aber der Gedanke, daß ich Ihre Frau werden sollte, ist mir so unfaßbar, daß ich im ersten Augenblick nicht anders konnte, als darüber lachen. Ich wollte Sie nicht kränken," fügte sie entschuldigend hinzu.

Der Amtmann fühlte sich tief verletzt.

„Ich habe nicht gewußt, daß ich eine so komische Wirkung hervorbringe," sagte er in spitzem Tone.

„O, Sie nicht, Herr Amtmann," beeilte sich Friebrike, deren weiches Herz jetzt fast Mitleiden mit dem unglücklichen Freier empfand, zu versichern — „nur die Idee, daß ich —? — nein, nein, es ist unmöglich!" schloß sie, entschlossen über die ihr unangenehme Angelegenheit so bald als möglich hinwegzukommen. Auch die Mutter, der die Absichten des Amtmannes von allem Anfang an unsympathisch gewesen waren und die nur, um ihn nicht zu kränken, sich ihnen nicht offen widerseßt hatte, legte sich jetzt in's Mittel.

„Friebrike hat nicht ganz Unrecht," bemerkte sie in ihrer milden Weise, „der Unterschied der Jahre ist doch ein bedenklicher."

Der Amtmann war in diesem Punkte anderer Ansicht.

„Ich glaubte," entgegnete er, „daß Sie meine

vierzig Jahre als eine Garantie für das Eheglück Ihrer Tochter betrachten würden."

Auch dem würdigen Brion, der sich überhaupt aus mehreren Gründen bereits mit dem Gedanken befreundet hatte, in dem wohlhabenden Amtmann seinen zukünftigen Schwiegersohn zu erblicken, schien dies ganz und gar einleuchtend.

„Auch ich meine," pflichtete er dem Sprechenden bei, „daß ein Mann in gewissen Jahren besser verstehen müsse, eine Frau glücklich zu machen, als so ein junger Springinsfeld."

Die Pfarrerin dachte in diesen Dingen etwas idealer, als der behäbige Gatte. Ihr war die Erinnerung an die unvergeßliche, schönste Zeit ihres Lebens: an den Liebesfrühling ihrer Brautzeit, noch nicht entschwunden. Sie wußte es ja aus eigener Erfahrung, daß keiner der Genüsse des Lebens dem seligen Glücke vergleichbar, den das Herz im sicheren Besitz des gleichgestimmten Herzens empfindet.

„Das lehrt weder Alter noch Erfahrung," entgegnete sie auf die Worte des Gatten — „sondern allein das Herz. Warst Du nicht selbst noch ein junger Bursche, als Du mich heimführtest und haben wir nicht vom ersten Tage an in Glück und Zufriedenheit gelebt?"

„Freilich, freilich, das ist wahr," mußte der Pfarrer zugeben. Doch er hatte sich schon so sehr mit der

Idee, die Sorge für eine seiner Töchter dem Amtmann übertragen zu sehen, vertraut gemacht, daß er sie nun nicht so rasch wieder aufgeben mochte.

„Ich meine aber," fuhr er fort, „wir würden einmal gefaßter die Augen schließen können, wenn wir unser Kind bei einem gesetzten, verständigen Mann versorgt wüßten."

Friedrike war diese Hin- und Herrede recht peinlich. Das aber, was ihr Vater soeben geäußert hatte, trieb ihr die Röthe der Scham in die Wangen. Alle Empfindungen ihrer schwärmerischen, ideal fühlenden Seele empörten sich dagegen.

„O Väterchen, das kam nicht aus Deinem Herzen," rief sie aus und in dem Vibriren ihrer Stimme drückte sich deutlich ihre innere Erregtheit aus. „Soll man denn die Ehe als eine Versorgung ansehen, heirathet man denn, um sein täglich Brod zu erwerben? Nein, nein, lieber wollte ich mich bei fremden Leuten verdingen und die niedrigsten Arbeiten verrichten, als so denken und handeln."

Mit Blicken, in denen sich Bewunderung und zärtlichste Liebe mischten, betrachtete die Pfarrerin das mit leuchtenden Augen und glühenden Wangen dastehende junge Mädchen, und ihre Hand auf Friedrike's Arm legend, flüsterte sie ihr leise zu:

„Mein tapferes Kind!"

Es war fast ein Ausdruck von Verachtung, der

in Friedrike's Blicken lag, als sie jetzt zu dem Amtmann gewendet, fortfuhr:

„Und wenn ich ein Mann wäre, ich würde viel zu stolz sein, ein Mädchen zur Frau zu begehren, die mir nicht mit Freuden, von ihren eigenen, übermächtigen Empfindungen getrieben, folgte, die es nicht als höchstes Glück betrachtete, mir in Liebe und Demuth zu dienen."

Es war nicht des guten Brion Sache, angesichts eines so energisch betonten Widerspruchs an seiner Idee festzuhalten. Achselzuckend wandte er sich an den Amtmann, ihn zum Aufgeben seines Wunsches zu bewegen.

„Sie sehen selbst, Herr Amtmann, da wäre jedes weitere Wort in den Wind gesprochen."

Schübler hatte sich während der Worte Friedrike's, die seine Eigenliebe und sein Selbstgefühl so bitter verwundeten, ingrimmig auf die Lippen gebissen. Er glaubte zu wissen, wessen Einfluß er diese Zurückweisung seiner Bewerbung zu danken habe und mit vor Aerger und unterdrückter Wuth zuckenden Lippen entgegnete er:

„Freilich, ich sehe, die Mamsell hat sich Dinge in den Kopf setzen lassen, die man weder von seinen Lehrern, noch von den Eltern zu lernen pflegt."

Doch Friedrike verstand diese Anspielung in der Arglosigkeit ihres Herzens gar nicht.

„Sie haben Recht, Herr Amtmann," sagte sie, „das

hat mich weder die Schule noch das Vaterhaus ge-
lehrt, sondern Gott hat es mir in das Herz gelegt,
Gott, der mir Empfindungen verlieh, ohne die ich
nicht leben möchte. Und arm erscheint mir Jeder, zum
Erbarmen arm, der solche Empfindungen nicht zu
würdigen vermag."

Der Pfarrer starrte die Sprechende mit erstaunten
Blicken an. War das seine Friedrike, das harmlose,
lustige, tändelnde Kind, das da mit so tiefer Empfindung zu sprechen verstand.

„Mädchen," stieß er in ungeheuchelter Bewunderung
hervor — „wo hast Du diese Worte her?"

Mit dem Scharfsinn argwöhnischer Eifersucht er-
rieth der Amtmann die Vorgänge im Innern des
jungen Mädchens, welche in wenigen Monaten das
einfache, lachende Kind in eine ernste, sinnige Jung-
frau umgewandelt hatten.

„Ich habe es längst bemerkt," stieß er giftig heraus
— „daß in der Mamsell etwas vorgeht. Seit der
Mosjeh aus Straßburg hier gewesen, ist sie eine
Andere geworden."

Der Pfarrer stutzte. Auch ihm fiel jetzt die sonder-
bare Veränderung auf, die sich in Friedrike's ganzem
Wesen verrieth.

„Ja, ja, Sie haben nicht Unrecht," entgegnete er
nachdenklich. „Friedrike wird von Tag zu Tag stiller
und ernster."

„Weil ich von Tag zu Tag älter werde, Väterchen," suchte Friederike den Vater zu beruhigen. In ihrer Erregung hatte sie nicht sonderlich auf die Worte des Amtmannes geachtet; ihm kam es offenbar nur darauf an, an irgend Jemandem seinen Aerger über die ihm gewordene Zurückweisung auszulassen, und nichts war natürlicher, als daß er dabei auf den abwesenden Göthe, der sich nicht vertheidigen konnte, verfiel.

Seinen Worten einen anderen Sinn unterzulegen, fiel ihr nicht ein.

„Freilich, so ein junger Sausewind," fuhr der Amtmann, auf die ihm vom Pfarrer gelegentlich mitgetheilten Episoden aus dem Leben des wilden Straßburger Studenten mit verletzendem Hohn anspielend, fort: „der, um von sich reden zu machen, des Nachts auf dem Friedhof umherläuft und bei Tage die Kirchthürme besteigt, ist interessanter, viel interessanter, als ein ernster, gesetzter Mann, der seinen geraden Weg geht und nicht rechts, noch links sieht, der es nicht versteht, zu scharmiren und hofiren — na —" hier brach er mit vieldeutigem, hämischen Lächeln ab — „ich will nichts gesagt haben."

Dem offenherzigen, allen Winkelzügen abgeneigten Pfarrer verdroß diese versteckte Art des Angriffs.

„Ich bin kein Freund von dergleichen halben Anspielungen, Herr Amtmann," bemerkte er ärgerlich. „Wenn Sie etwas gegen den jungen Göthe, dem wir

5 *

gaſtfrei unſer Haus erſchloſſen, vorzubringen haben, ſo halten Sie damit nicht hinter dem Berge, ſondern ſprechen Sie frei heraus, wie es einem ehrlichen Manne geziemt."

„Man erzählt ſich allerlei von dem Moſch, das ich hier zu wiederholen Anſtand nehme," erwiderte der Amtmann mit heuchleriſcher Zurückhaltung.

„Ich hoffe, nichts Unehrenhaftes," warf der argloſe Brion ein, in der Meinung, Schübler ſpiele auf irgendwelche harmloſen, ſtudentiſchen Streiche an. „Er iſt ein wildes Blut, ein gährender Moſt — na, Sie kennen meine Anſicht in dieſer Beziehung. Das muß ſich Luft machen, um nicht zu erſticken an der in ihm ſiebenden Jugendkraft und Ideenfülle, aber wenn der Gährungsprozeß vorüber, dann klärt ſich das zu einem herrlichen Wein."

Friederike hatten die höhniſchen Worte des Amtmanns und die perfide Art ſeiner Verdächtigungen des theuren Freundes auf's Tiefſte empört. Hingeriſſen von den Gefühlen ihres Herzens, von deren Tiefe und eigentlichen Natur ſie ſelbſt am wenigſten Kenntniß hatte, wandte ſie ſich gegen den Amtmann:

„Ich begreife Ihre Abneigung gegen unſern Freund ſehr wohl," kam es in überwallender Empfindung von Ihren Lippen. „Es iſt der Widerſtreit des Gewöhnlichen, Alltäglichen gegen das Ungewöhnliche, es iſt der Gegenſatz der Proſa zur Poeſie. Ihr, die Ihr Euch für nichts erwärmt, als was innerhalb Eurer kleinlichen, materiellen Interessen liegt, wie wollt Ihr das Wesen eines Jünglings begreifen können, dessen Blicke mehr gen Himmel als zur Erde gerichtet sind, in dessen Seele eine Welt von Idealen lebt!"

Einen Augenblick herrschte vollkommene Stille nach diesen Worten. Mit inniger Liebe blickte die Mutter in das von edler Begeisterung verklärte Gesicht ihres Lieblings, ihr mit sanfter Hand die Haare aus dem erhitzten Gesicht streichend. Ihr war die in Friedrike's Busen aufkeimende Neigung für den jungen Göthe kein Geheimniß mehr. Sie hatte nichts gethan, weder um diese Gefühle zu begünstigen, noch um sie zu bekämpfen. Dazu schien ihr keine Veranlassung vorzuliegen, hatte doch auch auf sie das gewinnende Wesen des lebhaften und liebenswürdigen Jünglings einen vortheilhaften Eindruck gemacht.

Schäbler sah mit geheimem Aerger einerseits, daß seine Worte nicht den beabsichtigten Eindruck machten, anderseits, daß seine Befürchtungen hinsichtlich einer Neigung Friedrike's für den verhaßten Studenten sich als gerechtfertigt erwiesen.

„Ich sehe," bemerkte er höhnisch auf die Worte Friedrike's, „der Mosjeh besitzt in der Mamsell einen gar warmen Fürsprecher. Nun, über den Geschmack soll man nicht streiten. Ich bin einmal so kleinlich, so prosaisch," setzte er mit verletzender Ironie hinzu,

„daß ich einen Menschen nicht für respektirlich halte, der nächtlichen Unfug treibt und sich mit zweideutigen Weibsleuten in's Gerede bringt. Ja, ja," fuhr er fort, als der gutmüthige Brion bei diesen erneuten, vagen Beschuldigungen des Abwesenden auffahren wollte, „fragen Sie nur Ihren Neffen, Herr Pastor. Ganz Straßburg spricht von den Liebeshändeln dieses Mosseh Göthe. Mit den Töchtern seines Tanzlehrers soll er es so arg getrieben haben, daß ihn der Vater aus dem Hause wies."

Ein feines Lächeln umschwebte die Lippen der Pfarrerin, als sie einwarf:

„Und troß alledem scheinen Sie sich doch lebhaft für diesen schlimmen Mosseh Göthe zu interessiren, da Sie es nicht verschmähten, sich so angelegentlich über ihn zu erkundigen."

Der Amtmann schlug unter dem klaren, forschend auf ihm ruhenden Blick der Sprechenden verlegen die Augen zu Boden.

„Hm, ich wollte — — — ich dachte —" stammelte er, „in Ihrem Interesse hielt ich es für geboten — —"

„Unser Interesse," versetzte Frau Brion ernst, „verlangt, daß wir nicht Alles, was Lästerzungen jemandem Uebles nachreden, auf Treu' und Glauben annehmen. Es sollte auch Ihnen, Herr Amtmann, nicht unbekannt sein, daß die Welt gern aus einer Mücke einen Elephanten macht. Und überdies würde unser Neffe

Weyland schwerlich den jungen Mann bei uns eingeführt haben, wenn seine Moralität eine so zweifelhafte,
wie man Sie glauben gemacht zu haben scheint."

Friederike blickte der Mutter, die sich so warm des
geschmähten Freundes annahm, mit innigem Dank in
die Augen, liebevoll mit dem Arm ihren Hals umschlingend. Auch der Pfarrer nickte zustimmend mit
dem Kopfe.

„Das ist auch meine Ansicht, liebe Magdalene,"
sagte er — „und deshalb meine ich, Herr Amtmann,
wir lassen den unerquicklichen Gegenstand vorläufig
auf sich beruhen."

Schübler sah, daß er sein Spiel verloren hatte,
und daß für ihn hier nichts mehr zu gewinnen war.
„Ich sehe," zischte es ingrimmig zwischen seinen zu-
sammengepreßten Zähnen hervor — „ich gelte hier
nichts mehr. Zu dem ersten besten, hergelaufenen
Windbeutel hat man mehr Zutrauen als zu mir —
nun, da will ich nicht länger beschwerlich fallen — ich
empfehle mich allerseits." Und zornig stürmte er davon, ohne auf die beschwichtigenden Worte Brion's zu
hören, die dieser ihm nachrief.

„Aber, Herr Amtmann, so war es nicht gemeint,
so hören Sie doch!" Der Pfarrer war aufgesprungen,
um den Davoneilenden zurückzuhalten. Verdrießlich
gab er den vergeblichen Versuch auf. „Fort ist er,"
brummte er ärgerlich, „recht unangenehm! Ich bin

ein Mann des Friedens, nichts ist mir so verhaßt, wie Uneinigkeit und Streit. Und wenn nun doch etwas Wahres daran wäre —?" setzte er mit plötzlich erwachtem Mißtrauen hinzu.

„So wird es uns nicht verborgen bleiben," schnitt die Pfarrerin kurz seine kleinmüthigen Worte ab. „Bis dahin aber wollen wir unserm eigenen Urtheil vertrauen." Sie erhob sich und trat dicht vor Friedrike hin, ihre Stirn mit den Lippen berührend. „Meine Friedrike wird nie etwas Unedles thun," sprach sie sodann, „und sie weiß, daß ihre Mutter zugleich ihre beste Freundin ist."

Das junge Mädchen warf sich in ausbrechendem Gefühl an die Brust der Mutter.

„Meine gute Mutter!"

Der Pfarrer, der befürchtete, daß auch ihn die Rührung, der sich Frau und Tochter hingaben, anstecken konnte, der es aber nicht liebte, sich schwach zu zeigen, unterbrach den Gefühlserguß.

„Laßt uns hineingehen!" mahnte er. „Unsere Geburtstagsgäste können jeden Augenblick eintreffen."

„Geht nur immer voran, Väterchen," schmeichelte Friedrike, die das Bedürfniß fühlte, erst wenige Minuten mit ihren Gedanken allein zu sein, bevor sie den Blicken der Anderen begegnete.

Die Mutter mit dem feinen Taktgefühl des zarten,

weiblichen Herzens das Verlangen Friedrike's errathend, führte den Gatten hinweg.

Friedrike ließ sich sinnend auf der Bank nieder. Sie durchlief im Geiste noch einmal die verschiedenen Phasen der Scene, welche sich hier soeben abgespielt hatte.

„Seit der Mosjeh aus Straßburg hier gewesen, ist sie eine Andere geworden." Diese Worte des Amtmannes kamen ihr plötzlich in den Sinn. Was hatte er damit sagen wollen? War denn wirklich mit ihr eine so sichtbare Veränderung vorgegangen, seit der Student aus Straßburg in ihren bisher so engen Gesichtskreis getreten war? Sie rief sich die Erlebnisse der letzten Wochen und Monate in's Gedächtniß zurück; prüfend verweilte sie bei ihrem Verhalten, bei ihren Handlungen, bei ihren Empfindungen, Gedanken und Wünschen in diesem Zeitraum und sinnend verglich sie damit ihr früheres Leben und Streben. Es war das erste Mal in ihrem Leben, daß sie über sich selbst nachdachte, und mit Erstaunen gewahrte sie, daß es mit der Behauptung des Amtmanns seine volle Richtigkeit hatte.

„Ja, ja," sprach sie vor sich hin, „ich bin eine Andere, seit ich in Göthe's Augen geblickt, wie in einen unergründlichen See, in dem sich der Himmel widerspiegelt. Ich bin eine Andere geworden? Ja! Eine Schlechtere? Nein! Hasse ich das Schlechte in geringerem Grade, liebe ich das Gute weniger, seit ich ihn kenne? Nein, nein!" Freudig hob sie das sinnend gesenkte Haupt und blickte mit glänzenden Blicken um sich. Wie war die Natur ringsum so schön. Ein leiser Hauch fuhr durch die grünen Wipfel der Bäume, über denen sich der Himmel in klarem Blau aus- spannte. „Die Sonne leuchtet ja heller," jauchzte es in ihr auf — „die Vögel singen ja süßer, wenn er hier ist. Und sollte das eine Wirkung des Bösen sein?"

Unwillkürlich fiel ihr das kleine, tief empfundene Gedichtchen ein, das er ihr in seinem letzten Brief mitgeschickt hatte. Fast unbewußt kamen die Verse über ihre Lippen:

> Ich ging im Walde
> So für mich hin,
> Und nichts zu suchen,
> Das war mein Sinn.
>
> Im Schatten sah ich
> Ein Blümchen stehn,
> Wie Sterne leuchtend,
> Wie Aeuglein schön.
>
> Ich wollt' es brechen,
> Da sagt es fein:
> Soll ich zum Welken
> Gebrochen sein?

Ich grub's mit allen
Den Würzlein aus,
Zum Garten trug ich's
Am hübschen Haus.

Und pflanzt' es wieder
Am stillen Ort;
Nun zweigt es immer
Und blüht so fort.

„Wie gut, wie zart er ist!" — lächelte sie leise vor
sich hin. „Einem Blümchen scheut er sich, wehe zu
thun und er sollte gegen Menschen unedel handeln
können?" Und dann wieder erschien eine Wolke des
Mißmuthes auf ihrer weißen Stirn, als sie der ge-
hässigen Beschuldigungen gedachte, welche der boshafte
Amtmann gegen den geliebten Freund ausgesprochen
hatte.

Eine helle, lustige Stimme schreckte sie aus ihrem
Sinnen empor. Sie fuhr erschrocken zusammen, be-
stürzt aufblickend. Es war Marie, die sich ihr unbemerkt genähert hatte.

„Ah, Du bist's!" machte sie schnell beruhigt.

Die Schwester hatte neben ihr Platz genommen
und umschlang sie liebevoll, ihr besorgt in die trüben
Augen blickend.

„So traurig an Deinem Wiegenfeste?" fragte sie.

„Soll man nicht traurig sein," entgegnete Friedrike,

„wenn man den edelsten Menschen verunglimpfen hört?"

In Marie's Blicken malten sich Verwunderung und gespanntes Interesse.

„Den Edelsten? Du meinst Weyland?" Diese Frage war ihr unwillkürlich entschlüpft. Es war ja für sie selbstverständlich, daß es sich nur um den Vetter Fritz handeln konnte, wenn von dem „edelsten Menschen" die Rede war.

„Weyland?" gab Friedrike verwundert zurück. „Nein, ich meine Göthe."

„Ah so, Du meinst Göthe." Der Ton in Marie's Stimme verrieth eine gewisse Enttäuschung. Sogleich aber glitt ein fröhliches Lächeln über ihre munteren Züge und schelmisch fuhr sie fort: „Es scheint also, daß wir Mädchen den für den edelsten Mann halten, den wir lieben."

Es war eine tiefe, ehrliche Bestürzung, die sich in dem plötzlichen Zusammenzucken Friedrike's und in dem erschrockenen Blick ihrer Augen kundgab.

„Du meinst?" kam es zaghaft über ihre Lippen.

„Daß ich Fritz Weyland liebe und Du den Wolfgang Göthe."

Ein Zittern durchlief die zarte Gestalt des jungen Mädchens bei diesen Worten der erfahreneren Schwester.

„Ich liebe den Göthe?" klang es gepreßt aus ihrem Munde. „Liebe ich ihn denn wirklich?"

Sie hatte wohl schon von der Liebe sprechen hören und zuweilen auch davon gelesen, aber sie hatte sich nie eine nur einigermaßen klare Vorstellung von diesem wunderbaren Gefühl machen können und nun sollte sie es selbst empfinden, ohne daß sie es wußte. War das möglich?

Marie hatte sich empor gerichtet und betrachtete die Schwester mit halb verwunderten, halb schelmischen Blicken.

„Ja, Du Närrchen," entgegnete sie lächelnd, „das müßtest Du doch besser wissen, als ich."

In Friederike's Brust kämpften Freude und Schmerz mit einander. Die Seligkeit, die sie unwillkürlich bei dem Gedanken überkam, daß sie ihn liebe, ihn liebe, wurde schnell wieder verdrängt durch eine peinigende Empfindung mädchenhafter Scham. Daneben quälte sie die Ungewißheit über die Natur der räthselhaften Vorgänge in ihrem Herzen. Das Alles, sowie die Nachwirkungen des eben durchlebten Auftritts mit Schübler regten ihr Herz in seiner Tiefe auf und in Thränen ausbrechend warf sie sich an die Brust der mitfühlenden Schwester.

„Weiß ich denn, was in mir vorgeht!" schluchzte sie. „Manchmal ist mir das Herz so schwer, so schwer, daß ich weinen muß und ich weiß doch nicht warum. Und dann wieder fühle ich mich so leicht, so leicht, daß ich wie ein Vöglein mich in die Lüfte schwingen möchte.

Jedem Menschen, dem ich begegne, möchte ich eine Liebe erweisen, laut aufjauchzen muß ich vor Lust und Seligkeit und ich weiß doch nicht warum. Ist das die Liebe?" Mit dieser halb ängstlich, halb schämig gestammelten Frage beschloß sie die Schilderung des eigenthümlichen Gemüthszustandes, in welchem sie sich während der letzten Wochen befunden hatte.

„Ich glaube, daß sie's ist," antwortete Marie lächelnd.

Ein neues Bedenken stieg in Friedrike's Seele auf.

„Aber darf ich ihn denn lieben?" rief sie aus. „Ich, das unbedeutende, kindische Ding, ihn, dessen Geist sich so hoch über dem meinen erhebt, daß mich ein Schwindel ergreift, versuch' ich es, ihm zu folgen?"

Noch ehe Marie auf diese kleinmüthige Frage der Schwester antworten konnte, wurde das trauliche Tête-à-Tête unterbrochen. Christian kam fliegenden Athems herbeigestürzt.

„Schnell, Marie, Friedrike!" rief er schon von Weitem — „so kommt doch schnell herein! Onkel Schöll und Sahler's sind da!" Und eilig, wie er gekommen, lief er wieder davon.

Die Schwestern erhoben sich, um dem Bruder zu folgen.

„Nur nicht verzagt!" tröstete die Aeltere — „es wird noch alles gut werden."

## V.

Während der Amtmann Schübler in so wenig erfolgreicher Weise um die Hand Friedrike's warb, schritten Weyland und Göthe auf dem wohlbekannten Fußpfad zwischen Drusenheim, wo sie wie gewöhnlich im Gasthof ihre Pferde eingestellt hatten, nach Sesenheim dahin. Bei dem Eingang in das Dorf bogen sie von dem Wege ab und näherten sich an den Gärten entlang von hinten dem Pfarrhause. Es handelte sich um eine Ueberraschung, die Göthe Friedriken zu ihrem Geburtstage bereiten wollte. Jetzt hatten die Freunde den Park erreicht, jetzt standen sie vor der Bank, auf welcher noch wenige Minuten vorher das Schwesternpaar gesessen hatte. Göthe, der in der Rechten einen prächtigen Blumenstrauß trug, legte denselben auf den kleinen, vor der Bank befindlichen Tisch nieder und zog dann einen sorgsam in Papier gehüllten Gegenstand aus der Tasche seines Rockes. Er befreite denselben von der Papierhülse und ein kleines, zierlich gearbeitetes Schild, auf dem die Inschrift „Friedrikensruhe“ in goldnen Lettern prangte, kam zum Vorschein. Schnell ergriff er den Hammer, welchen er in Drusenheim geliehen und mit dem er den gefälligen Freund beladen hatte, zog ein paar Nägel aus der Westentasche, und begann das Schild an dem Stamm des hinter der Bank stehenden Baumes zu befestigen.

„War das nicht ein köstlicher Einfall?" rief er aus, sich mit triumphirender Miene an den Freund wendend, nachdem er sein Werk glücklich vollbracht hatte.

„Eine zarte Aufmerksamkeit, wie sie nur einem Verliebten einfallen kann," entgegnete Weyland mit leichtem Lächeln.

„Einem Verliebten?" Göthe blickte einige Minuten sinnend zu Boden, dann, das leuchtende Auge zum Freunde erhebend und lebhaft mit dem Kopfe schüttelnd, rief er aus:

„Nein, Fritz, das ist nicht das richtige Wort. Nicht verliebt bin ich, sondern eine tiefe, heilige Liebe empfinde ich diesem reinen Naturkinde gegenüber. Verliebt war ich in Gretchen, in Anna Schönkopf, in Emilie, aber jetzt zum ersten Mal in meinem Leben liebe ich wahr und wahrhaftig. Ach Fritz, Du kennst es nicht, dieses beseeligende peinigende Gefühl!"

Die letzten Worte hatte er in leidenschaftlichem Tone ausgerufen, die strahlenden Augen schwärmerisch zum Himmel erhoben. Weyland betrachtete den Freund eine Weile mit seinem ruhigen Blick und bemerkte dann trocken:

„Na, da habe ich etwas Schönes angerichtet! Und der Mensch begeht noch die Naivetät, da eine Tafel anzubringen mit der heuchlerischen Inschrift: „Friederikenruhe!"

Göthe, in dieser Weise von dem prosaischen Freunde unsanft aus seiner Verzückung gerissen, entgegnete etwas ärgerlich:

„Ich finde darin weder Heuchelei noch Naivetät."

„Nicht?" erwiderte Weyland lächelnd. „Bist Du denn nicht auf dem besten Wege, Friederikens Ruhe zu stören?"

Ueber Göthe's freundliche Züge flog ein Schatten von Verstimmung.

„Du kaltblütiger Grübler, bin ich das?" sagte er mit leisem Spott. „Ich kann nicht prüfen wie Du, nicht flügeln über das, was da kommen wird und was ich am besten thun sollte," fuhr er mit ernster, gedanken-voller Miene fort. „Ich fühle nur, daß ihre liebliche Gestalt, ihr anmuthiges Wesen, in dem jede Faser von holdester Natürlichkeit ist, mich mit zauberhafter Kraft an sich fesselt, und daß jeder Versuch, mich aus dem süßen Zauberbann loszureißen, vergeblich sein würde."

Auch in Weylands Zügen, in denen eben noch lustige Ironie und schelmische Spötterei gelacht hatten, zeigte sich ein Ausdruck von nachdenklichem Ernst, während er einwarf:

„Aber bedenke doch, Wolfgang, wohin das führen soll!"

6

„Wohin das führen soll?" rief Göthe leidenschaftlich aus. „Weiß ich es! Ebensowenig, als ich weiß, woher dies Gefühl gekommen ist. Habe ich meinem Herzen geboten, sie zu lieben? Soll ich ihm diese Liebe wehren, ja, kann ich es?"

Weyland trat dicht an den Freund heran, seine Hand auf dessen Arm legend.

„Du sollst, Du kannst es," entgegnete er in eindringlichem Tone, und mit einer bei ihm doppelt ungewöhnlichen Wärme fortfahrend, sprach er: „Sieh, Freund, glücklich und zufrieden lebte das harmlose Kind in der Weltabgeschiedenheit ihres Dörfchens. Ihr Streben ging nicht weiter, als nach einer Blume, nach einem Schmetterling. Nun trittst Du in ihr Leben, wirfst den Feuerbrand in ihr Kinderherz und entzündest eine Gluth in ihm, an der es sich verzehren muß. Du wirst Deinen Weg, der Dich zu den Höhen des Lebens führt, weiter wandeln, als sei nichts geschehen. Im Geräusch der Welt, im Ringen nach den höchsten Zielen wirst Du Dich an das Idyll von Sesenheim erinnern, wie der Schiffer zuweilen der freundlichen, kleinen Insel gedenkt, bei der er während seiner Reise durch den weiten Ocean ein paar Tage rastete. Diese Erinnerung wird schwächer und schwächer werden und endlich unter neuen Eindrücken ganz verschwinden. Friedrike aber wird sich mit der ganzen Innigkeit ihres Wesens an dieses Gefühl klammern, sie wird, ist einmal ihr Herz davon erfüllt, mit dieser Liebe leben und sterben."

„Und was sollte sie hindern," rief Göthe feurig aus, „mich auf meinem Wege zu begleiten, mit mir zu genießen, was mir die Zukunft an Herrlichem und Schönem vielleicht erschließt?"

„Die Verschiedenheit eurer Erziehung," entgegnete der besonnene Freund, „eurer Ansprüche an das Leben und das, was Du selbst für Deine Zukunft planst." Und in der Erregung, die ihn so ungewöhnt ergriffen hatte, unwillkürlich in des Freundes bilderreicher Sprache redend, fuhr er fort: „Glaubst Du, die niedrig über der Erde dahinschwebende, harmlos in den Tag hineinzwitschernde Lerche könne aushalten neben dem kühnen Adler, dessen Flug zu den Sternen geht, der der Sonne nicht weicht? Und zu einer bloßen, zeitvertreibenden Tändelei in müßigen Stunden wird auch Dir Friederiken's Herz zu schade sein."

„Bei allen Musen, das ist es!" bestätigte Göthe in heiligem Ernst. „Ich will mich prüfen, Fritz, und mir Klarheit verschaffen über die Stärke meiner Empfindungen." Er reichte dem Freunde die Hand. „Bis dahin will ich sie, ich verspreche es Dir, nicht ahnen lassen, welche Gefühle ihre Lieblichkeit in mir wachgerufen hat."

„Ich danke Dir, Wolfgang," versetzte Weyland, die ihm gereichte Hand lebhaft drückend. Dann wieder zu

6*

dem ihm natürlichen Ton neckenden Spottes über-
gehend, setzte er hinzu: „Habe nur gut Acht, Poetlein,
daß die gährende Phantasie, die glühende Empfindung
nicht mit dem Verstande durchgehen!"

Ein Gewirr lustiger Stimmen ließ sich jetzt vom
Garten her vernehmen. Der kleine Christian, den
Göthe noch immer scherzend Moses zu nennen pflegte,
war der Erste, der die beiden Neuangekommenen erblickte.

„Vetter Fritz und Herr Göthe!" rief er, sich um-
wendend, den Nachfolgenden zu.

Tief erröthend blieb Friedrike, die dicht hinter dem
Bruder gefolgt war, bei dem plötzlichen Anblick des
geliebten Freundes stehen. Göthe, den mitgebrachten
Strauß ergreifend, trat schnell an sie heran, ihr die
duftenden Blumen mit einigen herzlichen Worten des
Glückwunsches darbietend. Auch die Uebrigen hatten
nun den Rasenplatz betreten. Es waren außer Marie
noch vier junge Leute: die Base Elisabeth Schöll mit
ihrem Bruder Maximilian und das Geschwisternpaar
Anna und Berthold Sahler, die Kinder des Rathes
Sahler in Offenburg. Unter Lachen und Scherzen
begrüßte man die beiden Studenten, auch mit Göthe
war man schon während der Weihnachtsferien im
Pfarrhause zusammengetroffen. Marie's spähende Blicke
hatten sofort die an dem Baum befestigte Tafel bemerkt.

„Wie artig, welch ein reizender Einfall!" rief sie freudig in die Hände klatschend aus, und mit weiblichem Scharfsinn sogleich den Spender errathend, setzte sie hinzu: „Das hat Herr Göthe gethan."

Alle umringten den Baum, die Tafel betrachtend.

„Das muß man sagen." bemerkte Berthold Sahler, ein junger Mann von achtzehn Jahren, mit einem bewundernden Seitenblick auf Göthe — „die Herren Studenten verstehen sich auf die Galanterie."

„Es könnten sich Andere ein Beispiel daran nehmen," warf Elisabeth Schöll hin, während ein allerliebstes, boshaftes Lächeln über das blühende Gesicht des sechszehnjährigen Backfisches huschte. Auch Friedrike war jetzt, von Marie geführt, vor den Baum getreten, die Inschrift auf der Tafel in freudiger Rührung lesend. Dann wandte sie sich zu Göthe um, ihm die Hand reichend, die dieser, ihr mit innigem Blick in die Augen sehend, zärtlich drückte.

„Und der prächtige Strauß!" plapperte die geschwätzige Marie, die Blumen in der Hand der Schwester bemerkend — „auch von Herrn Göthe?" Friedrike bejahte mit einem stummen Nicken des Kopfes. Das Herz war ihr so voll, die Anwesenheit der Anderen bedrückte sie, sie wäre mit ihren Gedanken am liebsten allein gewesen.

Marie warf einen Blick voll schalkhafter Bosheit auf den Vetter Fritz.

„Nicht alle Studenten sind so artig!" rief sie dabei in anzüglichem Tone aus. Weyland, dem nichts so lieb war, als ein Wortgeplänkel, besonders wenn die lustige Base Marie seine Gegnerin war, entgegnete sogleich schlagfertig:

„Nicht alle Rosen sind so stachlig!"

Mit einer reizenden Schmollmiene wandte sich Marie von ihm ab und an Göthe herantretend, bat sie: „Schnell, Herr Göthe, machen Sie einen Reim dazu! Zu Blumen gehören auch Verse."

„Ach ja, einen Vers!" sekundirten ihr die Uebrigen, sich Alle um Göthe drängend. Auch Friedrike wandte sich an den Freund; den Blick schüchtern zu ihm er- hebend, sprach sie leise: „Bitte, bitte!"

„Aber dazu gehört Zeit," wandte Göthe ein.

„Bei Dir nicht," rief der kleine Christian da- zwischen. „Neulich hast Du eine so lange Geschichte erzählt —"

„Die neue Melusine," half Friedrike ein, als Christian stockte.

„Ja, ja, das war auch aus dem Stegreif," be- stätigte Marie.

Göthe hatte wenige Augenblicke sinnend zu Boden geblickt; jetzt erhob er die Augen zu Friedrike und sprach in innigem Tone zu ihr:

„Der Strauß, den ich gepflücket,
Grüße Dich viel tausendmal!
Ich habe mich oft gebücket,
Ach, wohl ein tausendmal,
Und ihn an's Herz gedrücket
Wie hunderttausendmal!"

Alle sprachen dem jungen Dichter ihre Anerkennung und Bewunderung aus; Friedrike dankte ihm mit einigen herzlichen Worten. Weyland aber raunte ihm halb spottend, halb warnend in's Ohr: „Du, das ist ein recht kuriofer Anfang. Dein Versprechen zu halten."

Im Banne von Friedriken's Lieblichkeit hatte Göthe gar nicht mehr daran gedacht, was er dem Freunde gelobt hatte. Seufzend erkannte er, wie schwer ihm die Durchführung seines Vorhabens werden würde.

Die jungen Leute begannen jetzt darüber zu debattiren, womit man sich unterhalten wollte. Man äußerte sich einstimmig dahin, daß der beste Zeitvertreib entschieden das Tanzen sei. Aber es war kaum drei Uhr, und der Schulmeister, der am Klavier zum Tanz aufspielen sollte, konnte vor vier Uhr nicht erscheinen. Womit sollte man nun bis dahin die Zeit ausfüllen?

„Mit Gesellschaftsspielen," rieth Anna Sahler.

„Natürlich," brummte Weyland vor sich hin, „da giebt es ja Pfänder und Küsse."

„Aber welches Spiel wählen wir?" Diese Frage warf Marie zur allgemeinen Diskutirung auf.

„Wie gefällt dir dein Nachbar," rieth Berthold.

„Ich danke," entgegnete die neben ihm stehende Elisabeth schnippisch.

Maximilian Schöll schlug vor: „Der Plumpsack geht herum" zu spielen. Dagegen protestirte jedoch die zierliche Anna Sahler.

„Wollen Sie mir Ihren Rücken dazu leihen?" meinte sie, mit spöttischem Blick die breitschulterige, herkulische Gestalt des jungen Mannes messend.

„Blindekuh!" warf Christian dazwischen.

„Das ist zu dumm," lehnte Marie ab.

Jetzt legte sich Friedrike in's Mittel, indem sie vorschlug, sich mit dem in Elsaß sehr beliebten Spiel: „Stirbt der Fuchs, so gilt der Balg" zu unterhalten.

Der Vorschlag fand allseitigen Beifall. Christian wurde sogleich in's Haus geschickt, um die zu diesem Spiel erforderliche Kerze zu holen. Inzwischen lagerte man sich auf dem grünen Rasen; über die dabei einzuhaltende Reihenfolge einigte man sich in wunderbarer Schnelligkeit, ohne auch nur ein Wort dabei zu sprechen. Neben Friedrike kam natürlich Göthe zu sitzen, dann folgten Marie und Weyland, hierauf Anna Sahler und Maximilian Schöll und endlich Elisabeth Schöll und Berthold Sahler. Christian kam jetzt mit der bereits brennenden Kerze.

„Der Jüngste fängt an!" gebot Marie und setzte

dann warnend hinzu: „Und hübsch aufpassen, daß das Licht nicht verlischt, sonst kostet's ein Pfand!"

Das Spiel war sehr harmlos und einförmig, die Hauptsache dabei war die, recht viele Pfänder zu erhalten. In dem Auslösen der Pfänder bestand der eigentliche Reiz des ganzen Spiels.

Christian nahm, die brennende Kerze in der Hand, neben Berthold Platz. Das Spiel begann.

„Stirbt der Fuchs," rief Christian aus, die Kerze seinem Nachbar darbietend. Dieser ergriff schnell und geschickt das Licht, dabei den Satz ergänzend: „So gilt der Balg!" Dasselbe Spiel wiederholte sich, während die Kerze von Hand zu Hand wanderte. Jetzt war sie an Göthe gekommen, der unter dem Einfluß der in ihm arbeitenden Gedanken und Gefühle wenig Antheil an dem Spiele genommen hatte. Zerstreut nahm er mit unsicherem Griff die ihm von seiner Nachbarin gebotene Kerze, dabei griff er zu hoch, die Flamme versengte ihm die Hand und mit einem Wehruf ließ er das Licht fallen, das knisternd im Grase verlosch.

· „Ein Pfand, Herr Göthe, ein Pfand!" riefen Alle jubelnd; nur Friedrike blickte still und gedankenvoll vor sich hin. Bangte ihr vor dem, was die nächste Minute bringen würde?

Göthe zog bereitwillig einen Ring vom Finger und reichte ihn seiner Nachbarin zur Rechten. Marie hob das Pfand in die Höhe, sich mit der üblichen Frage an Elisabeth Schöll wendend:

> „Was soll es thun das Pfand,
> Das ich hab' in meiner Hand?"

„Polnisch betteln gehn!" lautete der Bescheid.

Göthe erhob sich, um dem an ihn gerichteten Verlangen zu entsprechen. Mit einer zierlichen Verbeugung forderte er Marie auf, ihn zu begleiten. Dann trat er Arm in Arm mit ihr vor Weyland hin und recitirte den wohlbekannten Vers:

> „Ich bin ein Bettler aus Polen,
> Möcht' eine Gabe mir holen:
> Für mich ein Stückchen Brod,
> Für meine Frau einen Kuß."

Weyland bedachte sich nicht lange, schnell trat er auf die kokett zurückweichende Marie zu, schloß sie in seine Arme und drückte einen herzhaften Kuß auf ihre frischen, ihm halb geöffnet entgegenkommenden Lippen. Nun stellte sich Weyland auf seinen Platz zurück. Marie ergriff Göthe's Arm und führte ihn zur Schwester, denselben Vers mit einer kleinen Variante sprechend:

> „Ich bin eine Bettlerin aus Polen,
> Möcht' eine Gabe mir holen,
> Für mich ein Stückchen Brod,
> Für meinen Mann einen Kuß."

Eine tiefe Röthe ergoß sich über Friedrike's Wangen

bis hinauf zur Stirn, mit niedergeschlagenen Augen und an allen Gliedern zitternd, stand sie da.

Göthe näherte sich ihr mit glänzenden Blicken, schon hatte er die Arme ausgebreitet, sie zu umfangen, da zuckte plötzlich die Erinnerung an einen vor wenigen Monaten durchlebten Vorgang in ihm auf.

Jäh ließ er die Arme sinken, hastig zurücktretend.

„Ich darf es nicht — " murmelte er, — „Lucinde's Fluch — "

Verwundert hatten die Uebrigen Göthe's unerklärliches Benehmen beobachtet.

„Der Kuß, der Kuß!"

„Das gilt nicht!"

„Er muß sie küssen!"

„Seit wann fürchtet sich ein Student vor zwei rothen Mädchenlippen?" Diese Ausrufe erfolgten schnell hintereinander. Da trat Weyland, der Einzige, der den Freund verstanden hatte, in die Mitte und mit der erhobenen Hand den Anderen Schweigen gebietend, sprach er:

„Hört mich an! Ich will Euch das Unglaubliche erklären, warum dem Göthe vor'm Küssen bangt. Das hat eine besondere Bewandtniß."

„Eine besondere Bewandtniß?" ertönte es fragend zurück.

Weyland fuhr fort: „Ja. Und wenn Ihr wollt, will ich's Euch erzählen."

„Ja, ja, erzähle!" riefen Alle, gespannt auf die Erklärung der befremdenden Zurückhaltung Göthe's, durcheinander.

Weyland hob an:

„Es war bald nach seiner Ankunft in Straßburg,
als unser Freund eines Tages die Nothwendigkeit erkannte, seine Kenntnisse in der ebenso schönen, wie
schwierigen Kunst des Tanzens vervollkommnen zu
müssen. In den ästethischen Zirkeln der Frau Professor
Böhme in Leipzig war wenig oder gar keine Gelegenheit
zur Uebung in dieser löblichen Kunst geboten worden.
In unserm lustigen Straßburg mit seiner noch lustigeren
Umgebung ist das etwas Anderes. Da heißt es lustig
das Tanzbein schwingen, wenn man nicht ausgelacht
und als Bruder Ungeschick verspottet sein will. Unser
Wolfgang Göthe zauderte also nicht lange, die nunmehr schwer empfundene Lücke in seinen Fertigkeiten
auszufüllen und bei dem bestrenomirten Maitre de danse
Straßburgs, bei Meister Petitpierre, fleißig Collegia
zu hören oder, richtiger gesagt, zu tanzen. Gar bald
machte der gelehrige Schüler die erfreulichsten Fort-
schritte in der Allemande und Française sowohl wie
in dem schwierigen Menuett. Kein Wunder, denn die
Grazien selber, das heißt Meister Petitpierre's beide
holdselige Töchterlein, sekundirten ihrem Vater, und
besonders war es Lucinde, die Aeltere, die sich mit
allem Eifer der Unterweisung des jungen Studenten

annahm und nicht müde wurde, mit ihm zu walzen."

Weyland hatte die letzten Worte mit einer besondern Betonung gesprochen, Friedrike dabei anblickend, als wolle er sie warnen. Das junge Mädchen hatte, ohne daß sie sich dieser Handlung bewußt war, die Hand gegen die Brust gepreßt und einen leisen Seufzer ausgestoßen.

„Freilich erntete sie damit bei ihrem Schüler wenig Dank," fuhr Weyland in seiner Erzählung fort, „denn der widmete der Jüngeren, der sanften Emilie, weit mehr Aufmerksamkeit, als der dunkeläugigen, feurigen Lucinde. So kam es, daß zwischen den Dreien ein eigenthümliches Verhältniß entstand, das für jeden der Betheiligten nicht ohne Pein war, um so weniger, als Emilie ihr Herz bereits einem abwesenden Freunde geschenkt hatte. Eines Tages kam es zur Katastrophe. Emilie, auf deren Herz die Aufmerksamkeiten des Studenten doch nicht ohne Eindruck geblieben waren, bat unsern Freund, um die Versuchung selbst von sich fern zu halten, seine Lektionen zu beenden, deren er ohnedies nicht mehr benöthige. Was sollte Göthe thun? Er willigte ein und in dem Schmerz der Abschieds- stunde brach die sanfte Emilie ihre bisherige Zurück- haltung zum ersten und letzten Mal und umarmte den beneidenswerthen Jüngling mit der ganzen Inbrunst eines gefühlvollen Herzens."

Mit der gespanntesten Aufmerksamkeit hingen Alle an den Lippen des Erzählers, und besonders waren es Berthold und Maximilian, die ihr lebhaftestes Interesse an den erzählten Ereignissen bekundeten.

„Das lasse ich mir gefallen!" rief der Erstere schmunzelnd aus.

„Wie hieß doch der Tanzmeister?" forschte der Andere eifrig.

„Ruhig doch, ruhig!" riefen die Mädchen, ungehalten über die Störung.

Weyland, den Faden seiner Erzählung wieder aufnehmend, fuhr fort:

„Die Beiden hatten aber nicht bedacht, daß Lucinde, eifersüchtigen Herzens, im Nebenzimmer auf der Lauer stand. Wie eine Furie stürzte sie zwischen die erschreckt Auseinanderfahrenden, umschlang den überraschten Göthe mit beiden Armen, seinen Mund mit einer Fluth brennender Küsse bedeckend. Dann, sich heftig losreißend, rief sie, mit ihren funkelnden Augen und glühenden Wangen wie ein Racheengel dastehend, gellenden Tones eine schreckliche Verwünschung aus: ‚Unglück über Unglück für immer und immer auf diejenige, die nach mir diese Lippen küßt!'"

Aus Friedrike's Wangen war alles Blut gewichen. Wie Dolchstöße drangen ihr diese Worte in's Herz. Wie wenig hatte gefehlt, daß die Lippen des Freundes ihr schuldloses Haupt dem Verhängniß weihten. Mit

einem innigen Blick sah sie zu ihm hinüber, ihm im
Herzen für seine Zurückhaltung Dank sagend. Auch
die anderen jungen Mädchen waren bei Anhörung der
Verwünschung erschreckt zusammengefahren.

„Entsetzlich!"

„O, mein Gott!"

„Wie schrecklich!"

Mit diesen Ausrufen machten Marie, Anna und
Elisabeth ihrem Schrecken Luft.

„Auf unsern Göthe aber," schloß nunmehr der Er-
zähler seinen Bericht, „machte diese Verwünschung einen
so tiefen Eindruck, daß er, ein zweiter Tantalus, seitdem an allen frischen, kußfertigen Lippen vorüberging,
ohne auch nur ein einziges Mal der Versuchung zu
unterliegen.

„Unglaublich!" warf Berthold skeptisch ein.

Weyland wandte sich, den Einwurf unbeachtet
lassend, an die jungen Mädchen.

„Ich hoffe," sagte er, „daß Ihr in Berücksichtigung
dieses Fluches, der auf seinen Lippen haftet, ein Einsehen haben und unserm armen Freunde, ihm zum
Schmerz und Friedriken zum Heil, das Küssen erlassen
werdet "

Marie nahm als Aelteste für sich und die Uebrigen
das Wort.

„Unter diesen Umständen freilich," erklärte sie, „aber
so ganz ohne Lösegeld kommt er nicht davon. Er soll

uns ein Gedicht deklamiren." Auch die anderen jungen
Leute zeigten sich mit dieser Entscheidung einver-
standen.

Göthe, der sich anfangs durch allerlei Zeichen vergebens bemüht hatte, dem indiskreten Freunde Schweigen
aufzuerlegen, hatte während der Erzählung etwas abseits gestanden, von hier aus unverwandt Friedrike betrachtend. Er trat jetzt in den Kreis der immer noch
an der Erde Lagernden zurück und zeigte sich bereit,
dem von Marie geäußerten Wunsche zu willfahren.
Aber welches Gedicht sollte er vortragen? Er sann
einen Augenblick nach. Zufällig kam er mit der einen
Hand an eine seiner Rocktaschen. Es knisterte etwas
darin. Aha! Das war das Blatt Papier, auf welches
er für Friedrike sein letztes Lied geschrieben hatte, das
er erst vor wenigen Tagen auf einem Spaziergange
nach Kehl gedichtet hatte, als er sich durch den Anblick
der von der Maisonne zu neuem Leben erweckten Natur
und von den Gedanken an Friedrike zu poetischem
Schaffen angeregt gefühlt hatte. Das wollte er ihnen
deklamiren. Schnell entschlossen stellte er sich in die
Mitte des Kreises und sprach mit feurigem Schwunge
die Verse des von ihm „Mailied" betitelten Gedichtes:

> „Wie herrlich leuchtet
> Mir die Natur!
> Wie glänzt die Sonne!
> Wie lacht die Flur!

Es bringen Blüthen
Aus jedem Zweig
Und tausend Stimmen
Aus dem Gesträuch.

Und Freud' und Wonne
Aus jeder Brust,
O Erd', o Sonne!
O Glück, o Lust!

O Lieb', o Liebe!
So golden schön,
Wie Morgenwolken
Auf jenen Höhn!

Du segnest herrlich
Das frische Feld,
Im Blüthendampfe
Die volle Welt."

Hingerissen von den Empfindungen seines Herzens
und dem Zauber der eigenen Poesie wandte sich Göthe
gegen Friedrike, als gälten ihr allein seine Worte. Mit
glühenden Wangen, mit leuchtenden Augen hing sie unverwandt an seinem Munde, ein seliges Lächeln auf den
Lippen. Vergessen war alle mädchenhafte Scheu, vergessen die Gegenwart der Anderen, ihn nur sahen ihre
Augen, während seine Verse wie eine glückverheißende
Offenbarung in ihrem Ohr erklangen:

7

„O Mädchen, Mädchen,
Wie lieb' ich Dich!
Wie blickt Dein Auge!
Wie liebst Du mich!

So liebt die Lerche
Gesang und Luft,
Und Morgenblumen
Den Himmelsduft,

Wie ich Dich liebe
Mit warmem Blut,
Die Du mir Jugend
Und Freud' und Muth

Zu neuen Liedern
Und Tänzen giebst!
Sei ewig glücklich,
Wie Du mich liebst!"

Göthe hatte geendet. Kein lauter Beifallsruf ertönte aus dem Kreise der Zuhörer. Tief ergriffen ver-
harrten sie alle noch eine Weile in lautloser Stille,
dann sprangen sie lebhaft empor, umringten den Freund
und drückten ihm in stummem Dank herzlich die Hände.
Inzwischen war, in der Erregung, die sich Aller bemächtigt hatte, unbemerkt, die Magd des Pfarrhauses
auf dem Platze erschienen. Sie näherte sich jetzt Ma-
rien und flüsterte ihr einige Worte zu. Die Meldung
brachte eine wunderbare Wirkung auf das junge Mäd-

chen hervor. Sogleich veränderte sich der Ausdruck ihres Gesichtes, auf dem noch soeben innige Rührung geschwebt hatte, und wie ein Jubelruf kam es von ihren Lippen: „Der Schullehrer ist da! Zum Tanz, zum Tanz!"

„Zum Tanz, zum Tanz!" ertönte es aus dem Munde der Anderen, die Alle, mit Ausnahme von Friederike und Göthe, indem sie sich einander zuvorzukommen bemühten, in der Richtung nach dem Hause eilig davonliefen. Göthe war bei dem ersten der den Rasenplatz begrenzenden Bäume stehen geblieben, sich nach Friederike umblickend, die immer noch regungslos auf ihrem Platz verharrte, die großen, von Thränen erglänzenden Augen zum Himmel aufgeschlagen. Jetzt wandte sie den Blick nach der Richtung des Hauses zu und ihre beiden Arme in unwillkürlich aufwallendem Verlangen ausstreckend, wiederholte sie mit leidenschaftlicher Innigkeit die Verse, die sich tief ihrem Herzen eingeprägt hatten:

> „Und Freud' und Wonne
> Aus jeder Brust,
> O Erd', o Sonne!
> O Glück, o Lust!
>
> O Lieb', o Liebe!
> So golden schön,
> Wie Morgenwolken
> Auf jenen Höh'n! — — —

7*

O Mädchen, Mädchen,
Wie lieb' ich Dich!
Wie blickt Dein Auge!
Wie liebst Du mich!

Ja, ich liebe Dich," rief sie, von dem Sturm der auf sie einbringenden Gefühle unwiderstehlich hingerissen, aus, während Thränen der höchsten Wonne ihren Augen entströmten — „ich liebe Dich von ganzem Herzen, aus tiefster Seele. Mein Herz weitet sich vor Stolz und Glück. O, ich bin so glücklich, so glücklich, und jetzt verstehe ich, was es heißt, vor Freude weinen."

Göthe hatte, unbemerkt von ihr, die Geliebte in steigender Erregung beobachtet. Einer Macht folgend, die stärker als er, alle Bedenken, alle klugen Vorsätze des grüblerischen Verstandes mit elementarer Kraft zurückdrängte, stürzte er jetzt ungestüm hervor. „Friedrike — meine Friedrike!" rief er aus, die Arme nach ihr ausbreitend.

Ein kurzer Aufschrei ertönte, wie ein Echo, aus Friedrike's Munde, ein Aufschrei, in welchem sich zur Hälfte jähes Erschrecken, zur Hälfte seligstes Entzücken ausdrückte. Im nächsten Augenblick ruhte sie an seinem Herzen und widerstandslos, ergeben, als könne es nicht anders sein, ließ sie es geschehen, daß er sie mit zärtlicher Leidenschaft an sich preßte. Vor dem Glücke ihrer Liebe waren die Schatten der Erinnerung und des Aberglaubens dahingewichen, wie des Winters

Fröste vor den erſten Sonnenſtrahlen des Frühlings. So ſtanden ſie in feſter, gegenſeitiger Umſchlingung, Bruſt an Bruſt, Auge in Auge, und zum erſten Male fanden ſich ihre Lippen in langem, innigem Kuſſe.

Dann blickte Friedrike mit ſeligem Lächeln zu Göthe empor, ihm das Geſtändniß ihrer Liebe mit den Worten zuflüſternd: „Mein Herr — mein Gott!"

# VI.

Göthe blieb diesmal längere Zeit, den ganzen Mai hindurch. Friedrike hatte noch an demselben Abend der Mutter ein Bekenntniß von dem, was zwischen ihr und Göthe vorgefallen war, abgelegt. Auch Göthe hatte am anderen Tage mit der trefflichen Frau gesprochen, die dem freudig erröthenden Jüngling erklärte, daß sie voll Vertrauen die Zukunft ihres Kindes ihm anvertraue. Man verabredete, außer den nächsten Familienmitgliedern und Weyland, Niemandem von dem Verlöbnisse zu sagen, bis Göthe sein Examen, das ihm für den August bevorstand, gemacht und mit den Eltern von seiner Liebe gesprochen haben würde. Es waren ungetrübte Tage des reinsten Glückes, die den beiden Liebenden wie im Fluge verstrichen. Mit Friedrike geschah ein förmliches Wunder. Wie unter dem warmen, belebenden Strahl der Sonne die Knospe sich duftend zur Blüthe erschließt, so entfalteten sich die Eigenschaften ihres reichen Gemüths, ihrer empfindungsstarken Seele unter dem Einflusse seiner Liebe täglich glänzender und entzückender. Mit innigster Befriedigung entdeckte Göthe immer neue liebenswerthe Eigenschaften an ihr und von ihrer sanften Heiterkeit, von ihrem milden, klaren Wesen ging auch in sein ungestümes, aufbrausendes Herz etwas über. Nie hatte er sich so froh, so ruhig und so mit sich selbst zufrieden gefühlt, als während der herrlichen Maitage, da er Hand in Hand mit Friedrike die Fluren von Sesenheim durchstreifte. Es war ein Idyll, ein reizendes, von Liebe und Poesie umwobenes Idyll, wie es die Phantasie des Dichters nicht schöner ersinnen kann, das sich im Maimonat 1771 im Pfarrhause zu Sesenheim abspielte. —

Am letzten Tage des Mai verließen die beiden Studenten das gastliche Haus, um nach Straßburg und zu den Studien zurückzukehren. Es war beschlossen worden, daß Göthe, um seine Arbeiten nicht zu vernachlässigen, vor dem Examen nicht mehr nach Sesenheim hinauskommen sollte. Aber die Sehnsucht der Herzen war stärker als alle schönen, vom Verstande ausgeklügelten Vorsätze. Eines Abends, im Juni, erschien plötzlich — im Pfarrhause rüstete man sich bereits zur nächtlichen Ruhe — auf schaumbedecktem Pferde der Heißsporn Göthe, der, trotz des Bruches seines Versprechens, von allen jubelnd willkommen geheißen wurde. Im trauten Kreise wurden noch ein paar Stunden fröhlich verplaudert und am anderen Morgen sah die aufgehende Sonne bereits die beiden Glücklichen vereint im Nachtigallenwäldel, die hier an der Stätte, wo sich unter dem Banne einer höheren

Macht ihre Herzen gefunden, den neuen Tag ihrer Liebe begrüßten. Eine Stunde später saß der Student wieder auf gesatteltem Pferde, um zur Pflicht zurückzukehren. Der erneute Trennungsschmerz wurde der Zurückbleibenden einigermaßen gelindert, als sie zwei Tage später ein Liebeszeichen von dem abwesenden Freunde erhielt: einen poetischen Epilog zu seinem letzten Besuch. Wer es zu beschreiben verstände, von welchen seligen, stolzen Empfindungen ihr Herz geschwellt wurde, als sie die von leidenschaftlichster Liebe überfließenden Verse wieder und wieder überlas!

> „Es schlug mein Herz: geschwind zu Pferde!
> Es war gethan, fast eh' gedacht.
> Der Abend wiegte schon die Erde,
> Und an den Bäumen hing die Nacht.
> Schon stand im Nebelkleid die Eiche
> Ein aufgethürmter Riese da,
> Wo Finsterniß aus dem Gesträuche
> Mit hundert schwarzen Augen sah.
>
> Der Mond von einem Wolkenhügel
> Sah kläglich aus dem Dunst hervor;
> Die Winde schwangen leise Flügel,
> Umsausten schauerlich mein Ohr;
> Die Nacht schuf tausend Ungeheuer,
> Doch frisch und fröhlich war mein Muth;
> In meinen Adern, welches Feuer!
> In meinem Herzen, welche Gluth!

Dich sah ich und die milde Freude
Floß von dem süßen Blick auf mich;
Ganz war mein Herz an Deiner Seite
Und jeder Athemzug für Dich.
Ein rosenfarbenes Frühlingswetter
Umgab das liebliche Gesicht,
Und Zärtlichkeit für mich — Ihr Götter!
Ich hofft' es, ich verdient' es nicht!

Doch ach, schon mit der Morgensonne
Verengt der Abschied mir das Herz:
In Deinen Küssen, welche Wonne!
In deinem Auge, welcher Schmerz!
Ich ging, Du standst und sahst zur Erde
Und sahst mir nach mit nassem Blick;
Und doch — welch Glück, geliebt zu werden!
Und lieben, Götter, welch ein Glück!"

Im nächsten Monat überredete Friederike die Mutter,
mit ihr und der Schwester auf ein paar Tage nach
Straßburg zu reisen. Die Mutter erfüllte gern den
Wunsch ihres Lieblings, um so mehr, als die ihr dort
wohnenden Verwandten schon längst zu einem Besuche
gemahnt hatten. Doch die beiden Liebenden konnten
nur wenig Genuß aus diesem Wiedersehen ziehen, denn
man sah sich nie allein, sondern nur in Gesellschaft
scharf beobachtender Basen und Tanten, vor denen
sorgfältig jedes Wort, jede Miene gehütet werden
mußte. Und, war es die Folge dieses Zwanges, oder

war es die Wirkung der ungewohnten, städtischen
Kleidung, in der er Friedrike zum ersten Mal erblickte,
Göthe empfand diesmal in der Nähe der Geliebten
nicht das Glück, die Befriedigung, die ihm sonst
bei jedem Zusammensein mit ihr erfüllt hatte. Auch
Friedrike's Brust schwellte ein Seufzer der Er-
leichterung, als sie die Mauern der engen, düsteren
Stadt wieder im Rücken hatte. Es waren ja nur
noch wenige Wochen und der Geliebte kam wieder zu
längerem Aufenthalt hinaus nach Sesenheim, wo kein
häßlicher Zwang ihr Liebesglück beeinträchtigte. Die
Zeit bis dahin füllte Friedrike durch die Lektüre seiner
Briefe und poetischen Arbeiten, sowie der Bücher, die er
ihr allwöchentlich von Straßburg hinausschickte und durch
Träume von ihm und ihrer Liebe aus. Es war an
einem der ersten Tage des August, als sie an ihrem
Lieblingsplatz auf der Bank, über der noch immer das
Täfelchen mit der Inschrift: „Friedrikensruhe" prangte,
in tiefes Sinnen verloren saß. Sie hielt eine Schreib-
feder in der Hand, vor ihr auf dem kleinen, einfachen
Gartentischchen lag ein aufgeschlagenes, zierlich in
Sammet gebundenes und mit einem Goldrand ver-
sehenes Buch. Es war ihr Tagebuch und sie war eben
damit beschäftigt, die Versäumnisse der letzten Wochen,
in welchen sie sich wenig zum Schreiben aufgelegt gefühlt hatte, nachzuholen. Doch auch heute wollte es
damit nicht recht vorwärts gehen. Die Hand konnte

mit den sich in ihr überstürzenden Empfindungen nicht gleichen Schritt halten. Entschlossen legte sie endlich den schwerfälligen Gänsekiel nieder.

„Nein, es geht nicht," sprach sie. „Ich kann nicht den ungestümen Pulsschlag meines jubelnden Herzens auf dem starren Papier festhalten." Sie klappte das zierliche Büchelchen zu.

„Ein andermal will ich es dir anvertrauen, du Merkbuch meiner kleinen Erlebnisse," fuhr sie in ihrem Selbstgespräch fort — „was ich im schönen Lenz meiner Liebe gefühlt und gedacht."

Sie lehnte sich sinnend in die Bank zurück, der Flug ihrer Gedanken trug sie den wohlbekannten Weg nach Straßburg.

„Mein armer Wolfgang," murmelte sie vor sich hin, „er steht jetzt vor den gestrengen Professoren und soll auf ihre verzwickten Fragen wohl überlegte Antworten geben. Er darf nicht an seine Friederike denken, die Empfindungen des Herzens dürfen ihm nicht die Gedanken des Kopfes verwirren. Wie er doch so viel stärker sein muß, als ich schwaches Geschöpf! Ich könnte jetzt keinen gescheidten Gedanken fassen!" Ein sonniges Lächeln glitt über ihre frischen Züge. „Das wäre mir unmöglich. Nur singen möchte ich, den ganzen Tag singen und träumen von ihm." Sie verschränkte die Arme hinter ihrem Kopfe und blickte mit träumerischen Augen hinauf zum Firmament, das sich

so wolkenlos über ihrem Haupte ausspannte, so wolkenlos, wie der Himmel ihrer Liebe es war. Vor ihrem
Geiste zog noch einmal die Vergangenheit vorüber mit
ihren bangen Zweifeln, mit ihrer quälenden Ungewißheit,
die sich dann an jenem denkwürdigen Nachmittag
plötzlich in die glücklichste Gewißheit verwandelt hatte.

„Wie ist es nur gekommen," sann sie, „daß ich ihn
so lieb habe, so lieb? Marie sagte es mir zuerst, daß
ich ihn liebe. Ich wußte ja nicht, wonach mein Herz
sich sehnte, warum es sich so wunderlich beklommen
fühlte — da kam jener Tag im Mai — mein acht-
zehnter Geburtstag — da sprach er sein herrliches
Mailied —." Leise wie ein sanfter Zephirhauch kam
es von ihren Lippen:

„O Lieb', o Liebe!
So golden schön,
Wie Morgenwolken
Auf jenen Höh'n.

O Mädchen, Mädchen,
Wie lieb' ich Dich!
Wie blickt Dein Auge!
Wie liebst Du mich!

Da fiel es wie ein Blitz in das Dunkel meines
Herzens, da wußte ich, daß ich ihn liebe, ihn liebe.
Und als er dann plötzlich vor mir stand, die Arme
nach mir ausgebreitet, da zog es mich mit unwider-

ſtehlicher Gewalt an ſein Herz und hätte ich mein
Leben darum verloren, ich konnte nicht anders." Sie
lächelte halb ſelig, halb ſchämig vor ſich hin: „Er
küßte mich — zum erſten Male — und alle Süßig-
keiten, alle Freuden des Lebens empfand ich in dieſem
einen Kuſſe. Er küßte mich troß Lucinde's Ver-
wünſchung, aber ich fürchtete mich nicht, ich bin nicht
mehr abergläubiſch, ſeit ich weiß, daß er mich liebt.
Was könnte mir auch geſchehen, ſo lange ſeine Liebe
mich ſchützt?" Ihre Augen leuchteten freudig auf, aus
ihrer Miene ſtrahlte die froheſte Zuverſicht und die
ruhige Sicherheit des Beſißes. Das Gefühl ihrer
Liebe war ihr ſo heilig, wie ihre Religion, ihr Vertrauen auf die Unwandelbarkeit von Göthe's Zuneigung
ſo ſtark, wie ihr Glaube an die Allmacht Gottes.

„Nein!" rief ſie, „nicht Unglück, ſondern Glück über
Glück auf diejenige, die Göthe liebt!"

Friederike richtete ſich haſtig empor, es war ihr, als
knirſchte der Kies des Weges unter eilig ſich nähernden
Schritten. Sie ſprang auf, es ſchimmerte durch die
Zweige. Jeßt erkannte ſie die herankommende Geſtalt.
Er war es, Göthe war es.

„Wolfgang!" ertönte es jubelnd von ihren Lippen.
Einen Augenblick ſpäter hing ſie an ſeinem Halſe.

„Wie lange habe ich Dich nicht geſehen," ſprach ſie
mit zärtlichem Vorwurf, nachdem der erſte Freuden-
ſturm der Begrüßungen vorüber war. Göthe ſtrich

ihr liebkofend mit der Hand über das goldig glänzende Haar und blickte ihr tief in die lieben, großen Kinder-augen.

„Und was hat meine Lerche in der ganzen Zeit gethan?" fragte er schelmisch.

Sie schmiegte sich zärtlich an ihn.

„Von Dir gesungen und an Dich gedacht," ent-gegnete sie.

„Oho, das ist nicht viel," lachte er. „Da war ich doch fleißiger."

Sie blickte ihm mit ängstlicher Spannung in die Augen, während sie fragte:

„Dein Examen —?"

„Ist glücklich bestanden," lautete die froh gegebene Antwort.

Sie klatschte jubelnd in die Hände.

„Wie ich mich freue!" sagte sie und setzte dann neugierig hinzu: „Und Du bist jetzt?"

„Doktor beider Rechte."

„Ah!" machte sie bewundernd. „Und das Studium hat ein Ende?" fragte sie weiter.

„Das der Rechte, Gott sei Dank ja," beschied er mit inniger Befriedigung.

Ein quälender Gedanke stieg jetzt in ihr auf.

„Dann bleibst Du auch nicht länger in Straß-burg?" stieß sie zitternd hervor, den Kopf betrübt finken lassend.

„Nein," entgegnete Göthe. „Mein Vater wünscht, daß ich nach Frankfurt zurückkehre." Er gewahrte ihre traurige Miene. „Aber warum läßt meine Lerche das Köpfchen hängen?" Er richtete ihr Kinn empor. „Du sollst ja mit mir kommen, Lieb, mit mir nach Frankfurt!"

Die innigste Freude erglänzte in ihrem Blick. „Ich?" rief sie mit freudigem Erstaunen. Er umschlang sie mit einem Arm und begann, mit ihr auf dem Rasenplatz auf- und abzugehen.

„Ja," sagte er. „Höre nur, welchen Plan ich entworfen habe! Du weißt, mein Vater ist ein wunderlicher Mann. Sagte ich ihm, daß ich mich gebunden habe, ohne ihn um Rath zu fragen, so würde er von vornherein ein Vorurtheil gegen Dich haben. Wir müssen ihn in die Lage bringen, Dich ohne Voreingenommenheit kennen zu lernen, ohne zu ahnen, daß wir gewagt haben, uns ohne seine vorher eingeholte Erlaubniß zu lieben. Und da habe ich mir nun Folgendes ausgedacht. Du hast mir erzählt, daß Ihr Verwandte in Frankfurt habt —"

„Ja, Onkel Mathias und Tante Bertha," fiel Friederike eifrig ein. „Sie waren einmal hier bei uns — es sind schon viele Jahre her — aber von uns war noch niemand bei ihnen, obgleich sie uns oft genug zu einem Besuche eingeladen haben."

„Nun also," fuhr Göthe fort — „Du besuchst

Deine Verwandten. Ich ziehe meine Schwester Cornelia in's Vertrauen, eine schickliche Gelegenheit, ihre Bekanntschaft in optima forma zu machen und Dich bei uns einzuführen, wird sich leicht finden lassen. Mein Mütterchen ist bald gewonnen, aber den Vater, den mußt Du Dir selbst erobern, ich kann Dir nicht dabei helfen."

Sie blickte ihm ängstlich forschend in's Gesicht.

„Dein Vater ist wohl ein sehr strenger Mann?". fragte sie in kleinlautem Tone.

„Er zwingt sich, es zu sein," entgegnete Göthe und eine düstere Wolke lagerte auf seiner Stirn — „sofern er es für seine Pflicht hält, nicht selten den milden Regungen seines im Grunde guten Herzens zum Trotz."

„Aber was soll ich thun, um ihm zu gefallen?" erkundigte sie sich zagend.

Er blickte ihr lächelnd in's Gesicht.

„Das soll ich Dir sagen?" rief er lebhaft aus. „Ebenso gut könnte ich der Blume rathen wollen, wie sie es anzufangen hat, sich mit ihrem Duft, ihrer Blüthenpracht in des Menschen Herz hineinzuschmeicheln. Sie blüht und blüht und erfreut uns, ohne es zu wollen, ohne es zu wissen, Auge und Sinn." Er umfing mit bewunderndem und liebevollem Blick die zarte, in voller Jugendfrische prangende Gestalt. „Sei so, wie Du bist," schloß er, „und Du wirst ihm gefallen, wie Du mich entzückt hast."

Seine Zuversicht auf das Sieghafte ihrer Erscheinung und ihres Wesens vermochte jedoch ihre Bedenken nicht zu heben.

„Und wenn es mir doch nicht gelingt, Deines Vaters Wohlwollen zu erringen?" warf sie in beginnendem Zweifel ein. Aber in dem ernsten Blick seiner Augen und in dem energischen Ton seiner Stimme drückte sich ein entschlossener Wille aus.

„Dann werden wir auch gegen seinen Willen glücklich werden," rief er aus; „denn niemand soll zwischen Dich und mich treten, keine Macht der Erde unsere Herzen von einander reißen." In leidenschaftlicher Aufwallung zog er sie an seine Brust. „Du hast mir den Frieden in's Herz gegossen, Deine Liebe hat mich wilden Menschen gebändigt, geläutert und gefestigt. Als mein guter Genius sollst Du mit mir durch das Leben gehen, mein Kleinod, das ich entdeckt im stillen Pfarrhaus zu Sesenheim."

Sie schmiegte sich mit zärtlicher Hingebung an ihn.

„Mein Wolfgang!" erzitterte es leise von ihren Lippen. „O wär' ich doch eine Königstochter! Dann würden mich die Deinen mit offnen Armen empfangen. Freilich so — ein armes Dorfpastorstöchterlein — und doch wäre es mir schrecklich, ohne Deines Vaters Segen Dir zu folgen."

Er versuchte von Neuem, ihre Zweifel zu beschwich-

8

tigen. Die in ihm gährende Phantasie trug ihn im Fluge über alle Schwierigkeiten hinweg.

„Du wirst ihn Dir erringen," sagte er voll froher Zuversicht. „Wie könnte er Deinem Liebreiz widerstehen! Und wenn Du ihn besiegt, erobert hast, dann treten wir vor ihn hin: Sieh Vater, das ist sie, meine Friederike, das Röslein aus dem Pfarrgarten von Sesenheim! Meinst Du nicht auch, daß sie zu schade ist für den stillen Winkel im Elsaß? Ja, mein Junge, wird er sagen, lockere sie aus ihrem Erdreich, verpflanze sie hierher zu uns, damit sie mit ihrer Anmuth, ihrer Lieblichkeit uns das große, finstere Haus erhelle. O, Friederike, wie glücklich werden wir dann sein!"

Vor seiner stürmischen Begeisterung, vor seinem unerschütterlichen Vertrauen wichen jetzt auch ihre Zweifel vollständig hinweg und ein freudiger Glaube an das Glück der Zukunft erfüllte ihre Seele. Sie lehnte ihr Haupt zärtlich an seine Schulter.

„Ja, wie glücklich werden wir dann sein!" wiederholte sie innig. „Wie glücklich!"

Er machte sich jetzt sanft aus ihren Armen los.

„Und nun laß mich zu Deinen Eltern gehen," sagte er, „ihre Einwilligung zu Deiner Reise zu erbitten."

# VII.

Während Göthe und Friederike so die rosigsten
Pläne für ihre Zukunft entwarfen, näherte sich
Weyland, der unter einem Vorwand etwas länger in
Drusenheim geweilt und gern den ungeduldig drängen-
den Freund hatte vorauseilen lassen, dem Nachtigallenwäldel mit langsamen Schritten. Obgleich ihn sein
Herz mit sehnsüchtigem Verlangen nach dem Pfarrhause zog, in welchem ein Mädchen mit frischen, rothen
Wangen, mit schelmisch blitzenden, braunen Augen gar
zärtlich seiner gedachte, so setzte er heute jedoch nur
zögernd seine Füße vorwärts. Denn die Erfüllung
einer schweren Aufgabe stand ihm bei seiner Ankunft
in Sesenheim bevor und er hatte sich fest vorgenom-
men, nicht eher zu ruhen, als bis er das vollbracht
haben würde, was er als seine Pflicht erkannte. Mit
banger Sorge hatte er die wachsende Liebe Göthe's
und Friederike's wahrgenommen. Sein durchdringender,
kühl abwägender Verstand sagte ihm, daß das Verlöb-
niß dieser Beiden, deren Lebenslage, deren Erziehung,
Charakter, Ansprüche und Neigungen grundverschieden
waren, nimmermehr zu einem glücklichen Ende führen

8*

würde. Auf Göthe einzuwirken, hatte er längst auf-
gegeben, denn er hatte gar bald das Vergebliche eines
solchen Verfahrens eingesehen. Nun hatte er vor
wenigen Tagen einen Brief von Göthe's Vater erhalten und dieser hatte ihm den Weg vorgezeichnet,
auf welchem allein mit Erfolg vorgegangen werden
konnte. Entschlossen schritt er mit beflügeltem Schritt
dem Platze im Nachtigallenwäldel zu, an welchem er
ganz richtig Friedrike vermuthete. Er sagte sich, daß
das schwachmüthige Hinausschieben dessen, was zu
thun ihm unter allen Umständen oblag, nur geeignet
wäre, die Sache selbst noch zu erschweren. Der Anblick, der sich ihm jetzt bot, als er an der Biegung des
Weges angelangt war, von welcher aus man den Platz,
der im ganzen Verwandten- und Bekanntenkreise nur
noch „Friedrikensruhe" genannt wurde, übersehen konnte,
veranlaßte ihn, seine Schritte zu hemmen.

Auf der Bank saß die Gesuchte, in den lieblichen
Zügen des zarten Gesichts einen unbeschreiblichen Aus-
bruck stillen, herzinnigsten Glückes, die großen feucht-
schimmernden Kinderaugen aufgeschlagen zum wolkenlosen Firmament.

„Wie bin ich stolz und glücklich!" jauchzte sie, die
Hände gegen das ungestüm pochende Herz pressend.
„Kann denn eine Menschenbrust soviel des Glückes
fassen?" Einem plötzlich übermächtig in ihr aufwallen-
den Impulse nachgebend, warf sie sich auf die Kniee

nieder, mit gefalteten Händen betend: „Lieber Gott, ich danke Dir für meines Wolfgangs Liebe. Ich weiß, daß ich sie nicht verdiene, aber ich will ja alles thun, was ich vermag, ihrer würdig zu werden. Lenke Du mein Herz, daß es ihn nie betrübe, daß es nicht hoffärtig und eitel werde, daß es nie vergesse, wie es diese Liebe als ein unverdientes Geschenk von Dir empfangen."

Weyland fuhr sich hastig über die feucht gewordenen Augen. „Wie glücklich sie ist!" sprach er bei sich. „Und ich soll sie jäh aus ihrem Glücke reißen! — — Doch, ich muß es." Er trat aus seinem Versteck hervor und näherte sich ihr mit entschlossener Miene. Das Geräusch der Schritte schreckte sie jäh empor.

„Du bist's!" rief sie aus, den Vetter erblickend. Sie eilte ihm entgegen und ihm mit freundlicher Gebärde beide Hände zur Begrüßung entgegenstreckend, rief sie aus: „Ach, Fritz, ich bin so glücklich, so glücklich!"

Seine Stirn zog sich in krausen Falten zusammen. „Was ist das menschliche Glück!" entgegnete er düster. „Ein Hauch kann es verjagen in alle Winde, ein Ungefähr es wandeln in sein Gegentheil."

Unberührt von seinem bedeutungsvollen Ernste, lachte sie fast übermüthig: „Nein, nein, heute wirst Du mit all Deiner Schwarzseherei mir nicht mein Glück aus dem Herzen hinweg philosophiren. In

meiner Bruſt iſt eitel Sonnenſchein und Nachtigallen-
geſang."

Er blickte finſter zu Boden.

„Und doch muß ich Dich erwecken aus Deinem
ſüßen Traume," kam es zögernd von ſeinen Lippen.

„Aus meinem Traume?" verſetzte ſie, noch immer
vollkommen ahnungslos. „Es iſt kein Traum, Wirklichkeit iſt's, ſchönſte, beglückende Wirklichkeit." Sie
blickte ihn fragend an: „Du weißt nicht, welchen Plan
Wolfgang entworfen hat —?"

Er wußte gar wohl, worauf ſie mit dieſen Worten
anſpielte, denn Göthe hatte ihm während des Herritts
von ſeiner Abſicht, Friedrike zu einer Reiſe nach Frankfurt zu bewegen, geſprochen.

„Ich kenne Göthe's Idee," ſagte er — „Du ſollſt
mit ihm nach Frankfurt reiſen, Dich in ſeines Vaters
Herz hineinſtehlen, bevor Ihr ihm Eure Liebe entdeckt.
Zu ſpät! Er weiß alles."

Sie fuhr erſchrocken zurück.

„Er weiß es?" fragte ſie beſtürzt.

„Durch Salzmann, der alles nach Frankfurt berichtet hat, von Wolfgang's Beſuchen in Seſenheim,
von Eurer Liebe —"

„O, das war nicht wohlgethan," warf ſie ſchmerz-
lich ein.

„Er meinte es gut," verſicherte Weyland. „Er
wollte Wolfgang's Vater veranlaſſen, auf die Rückkehr

des Sohnes zu bringen, bevor dieser ein entscheidendes Wort zu Dir gesprochen — es hätte Euch Beiden viel Herzeleid erspart."

„Ja," sprach sie, einen ganz anderen Gedankengang verfolgend, „nun wird es schwer sein, den Vater unserer Liebe geneigt zu machen."

„Unmöglich wird es sein."

„Unmöglich?" rief sie betroffen aus. In vollkommener Ahnungslosigkeit von dem, was Weyland von ihr zu verlangen beabsichtigte, legte sie seinen Worten eine ganz andere Deutung unter.

„Nein, Fritz!" versetzte sie, mit flehender Miene zu ihm aufblickend — „diese Hoffnung mußt Du mir nicht rauben. Der Gedanke, daß ich die Ursache sein könnte der Trennung von Vater und Sohn, daß meine Liebe eine Schranke zwischen ihren Herzen errichtet hätte, dieser Gedanke würde immer einen düsteren Schatten auf mein Glück werfen. Nein, die Hoffnung, seines Vaters Zustimmung zu erlangen, ich will sie nicht aufgeben."

„Und doch mußt Du es." Er sprach das in gepreßtem Ton, sie mit aufrichtigem Mitleid betrachtend.

„Ich muß es?" rief sie aus. „Nun, wenn ich es denn wirklich muß, so will ich ihn noch mehr lieben als bisher, wenn das möglich ist. Muß ich ihm dann doch ersetzen, was er durch mich verliert: Vater, Mutter und Schwester." Es kam ihr gar nicht in den Sinn, daß irgend eine andere Lösung der von Seiten des Vaters sich erhebenden Schwierigkeit möglich sei.

Weyland fühlte, daß er an dem schwierigsten Theil seiner Aufgabe angelangt sei. Er warf einen forschenden, von innigstem Mitgefühl erfüllten Blick auf ihr vor tiefer Bewegung zuckendes Gesicht.

„Wirst Du das können?" sagte er langsam. „Würde es da nicht besser sein —" das Wort erstarb ihm im Munde vor dem Blick voll Angst und Entsetzen, der ihn aus ihrem Auge traf.

„Warum hältst Du inne? Warum siehst Du mich so sonderbar an?" Die Worte drangen in jäher Hast über ihre Lippen. „Mir wird so bange bei Deinem Blick. Du verbirgst mir etwas — etwas Furchtbares!"

Weyland trat dicht an Friedrike heran und ergriff theilnahmsvoll ihre zitternde Hand.

„Fasse Dich, Friedrike!" sprach er und in dem Zittern seiner Stimme verrieth es sich deutlich, welche Pein ihm selbst die Erfüllung seiner Aufgabe bereitete. „Du weißt, daß ich Dich immer lieb gehabt habe, wie ein Bruder. Und wenn ich heute an Dich ein Verlangen stelle, dessen Erfüllung Dir im ersten Augenblick bitteren Schmerz bereiten wird, so glaube mir, daß ich es nur thue, weil ich in Deinem und Göthe's Interesse nicht anders kann."

Eine namenlose Angst ergriff sie. Sie hatte die Empfindung, daß ihr irgend etwas Entsetzliches bevorstände. Sie entnahm das dem feierlichen Ton, den sie noch nie in Weyland's Stimme vernommen hatte, den mitleidsvollen Blicken, mit denen er sie betrachtete. Freilich, daß man ihr zumuthen könnte, ihrer Liebe zu Göthe zu entsagen, das kam ihr noch immer nicht in den Sinn.

„Mein Gott, was verlangst Du von mir?" stieß sie bebend hervor.

Weyland sah, wie sehr Friedrike litt. Er sagte sich, daß der entscheidende Moment gekommen sei, ihr alles zu enthüllen. Noch länger sich in vorbereitenden, unbestimmten Andeutungen zu ergehen, wäre eine unnütze, grausame Verlängerung der sie verzehrenden Angst gewesen.

„Man verlangt," sagte er, die Worte hastig herausstoßend, „daß Du von Deiner Liebe lässest."

Sie taumelte, im tiefsten Innern getroffen, ein paar Schritte zurück und starrte den Unglücksboten, der von ihr etwas so Unmögliches zu verlangen kam, wie eine übernatürliche Erscheinung an.

„Ich — von Göthe's Liebe lassen!" schrie sie in wildem Schmerze auf. „Nie, nie! Weißt Du denn, wie ich ihn liebe? Nein, Du weißt es nicht, Keiner weiß es, Ihr Alle wißt es nicht." Das Ungeheuerliche dieses Verlangens trieb ihr das Blut siedend heiß zum Kopfe. Jede Faser ihres Herzens, jeder Tropfen ihres Blutes empörte sich gegen diese Zumuthung.

„Aber es soll Euch nicht gelingen," rief sie in heftigster Erregung aus, „mich von seinem Herzen loszureißen. Ich will mich an ihn klammern mit aller Kraft, weiß ich doch, daß bei ihm allein Leben, ohne ihn Tod. Ich von ihm lassen! Eher könnte die Erde ohne Sonne sein, als ich ohne Göthe's Liebe." Die ganze Bedeutung dieser Liebe für ihr Leben trat in voller Klarheit vor ihre Seele und eine unendliche Bitterkeit und Angst erfüllte ihr Herz bei dem Gedanken, daß sie ohne dieselbe leben sollte.

„Ich sollte durch Wald und Feld schweifen," fuhr sie fort, „ohne zu denken, daß er nun bald sich mit mir freuen wird an all dem Herrlichen, das Gott erschaffen! Ich sollte die Blumen brechen und nicht mehr glauben können, daß sie für ihn bestimmt! Ich sollte zur Ruhe gehen und vor dem Einschlafen nicht mehr selig in mich hineinlächeln dürfen: morgen, morgen kehrt er wieder! Wie kalt, wie leer, wie ausgestorben wäre die Welt ohne ihn! Wie in ewiger Nacht würde ich durch das Leben wandeln ohne seine Liebe! Ja, könnte ich denn leben ohne sie? Nein, nein! Ebensogut könntest Du mir sagen, ich solle nicht mehr athmen, als Du verlangst, ich solle ihn nicht mehr lieben. Seine Liebe ist mir alles: Licht, Luft — Leben!"

Die Furcht, Göthe's Liebe zu verlieren, hatte das

sonst so stille Mädchen beredt gemacht; jetzt hielt sie erschöpft inne, nach Athem ringend.

Weyland war tief erschüttert.

„Armes Kind!" murmelte er. „Wie sie ihn liebt!"

In Friedrike stieg plötzlich der Gedanke auf, daß das Alles vielleicht nur eine Probe gewesen sei der Tiefe ihrer Empfindungen für Göthe. Es war ja undenkbar, daß man das Ungeheuerliche im Ernste von ihr verlangen konnte. Sie klammerte sich mit allem Eifer an diesen Gedanken und dicht an Weyland herantretend und eine Hand, wie beschwörend, auf seine Schulter legend, sprach sie: „Du kannst das nicht im Ernste fordern. Du wolltest mich nur auf die Probe stellen. Du wolltest nur sehen, wie sehr ich ihn liebe. Nicht wahr, Fritz? Nun, da Du es weißt, sage mir, daß es nur eine Probe gewesen, eine grausame Probe!"

Er wich dem flehend auf ihn gehefteten Blick aus, während er leise entgegnete: „Es war mein Ernst." Dann griff er in die Tasche und entnahm derselben einen ziemlich umfangreichen Brief, den er entfaltete. „So vernimm denn," sagte er zu der ihn angstvoll beobachtenden Friedrike — „was mir Göthe's Vater schreibt!"

Er begann, ihr aus dem Schreiben vorzulesen, während sie in marternder Spannung seinen Worten folgte: „Sie haben, wie mir Dr. Salzmann mittheilt, ben Anlaß zu der Bekanntschaft Wolfgang's mit Friedrike Brion gegeben, von Ihnen verlange ich, daß Sie auch die Lösung des Verhältnisses, das niemals zu einem glücklichen Ende führen kann, in's Werk setzen. Oder sollten Sie glauben können, daß Wolfgang sich zum Helden eines Schäfer-Idylls eigne? Ich habe meinen Sohn von frühester Kindheit an studirt, jede Regung seines Innern bewacht und belauscht und ich sage Ihnen, daß große Gewalten in seiner Brust schlummern, die nur der Berührung mit der Außenwelt bedürfen, um mächtig hervorzustrahlen und mit ihrem Glanz die Welt zu erfüllen. Meint das einfache Kind vom Lande, daß sie sein großes Herz auszufüllen im Stande sein wird, glaubt sie, daß er sich für alle Zeit in den engen Kreis ihrer kleinen Ideen bannen lassen wird. Eine Zeit lang mag er sich angezogen fühlen von dem Zauber ihrer frischen Natürlichkeit und an ihren naiven Freuden mit Liebe Antheil nehmen. Aber bald wird er sich auf sich selbst besinnen und seine Blicke nach den Sternen richten. Und mit Entsetzen wird sie wahrnehmen, daß sie ihm nicht folgen kann, daß sie klein ist, unendlich klein im Vergleich zu ihm. Er aber wird ihre Liebe als ein Bleigewicht empfinden, welches ihn zurückhält, das höchste Ziel zu erreichen, das ihm winkt. Und Bitterkeit und Enttäuschung wird in Beider Herzen einziehen. Und elend werden sie werden, viel elender, als sie ohne einander je werden könnten." Ein Stöhnen der tiefsten Qual entrang sich der Brust des unglücklichen jungen Mädchens, und zwischen den Fingern ihrer Hände, mit denen sie das Gesicht verhüllt hatte, rieselten Thränen bitterster Verzweiflung hindurch. Auch Weyland mußte einen Augenblick innehalten, um seiner Bewegung Herr zu werden. Dann mit der Hand über die sich ihm trübenden Augen fahrend, nahm er die Lektüre wieder auf:

„Ich weiß, daß ich dem Herzen des armen Kindes, dessen Geschick mir in der Seele weh' thut, eine tiefe Wunde schlagen werde mit dem, was ich von ihr verlange. Aber die Zukunft meines Sohnes, das Interesse der Gesammtheit muß mir höher stehen, als das Schicksal dieses einen Mädchens. In der Erkenntniß dessen, was ich meiner Vaterpflicht schuldig bin, werde ich nie in die Verbindung meines Sohnes mit Friedrike Brion einwilligen. Ja, ich werde, sollten die Beiden trotzdem eine Verbindung eingehen, von diesem Augenblick an meine Hand von meinem Sohne abziehen. Er wäre damit auf sich selbst gestellt, er wäre in die Nothwendigkeit versetzt, für das tägliche Brod zu arbeiten und die Kraft seines Geistes im Kampf um's Dasein abzunützen. Eine Seele wie Wolfgangs Seele, ein Herz wie das seine, kann nicht einem Einzelnen angehören, es gehört uns Allen, dem ganzen Vaterlande."

„Und ich war so glücklich!" Wie der letzte Seufzer eines Sterbenden drangen diese Worte aus Friedrike's Munde. Weyland zog sanft die Hände von ihrem Gesicht hinweg und versuchte mit tröstenden Worten ihren Schmerz zu besänftigen. Er wußte, daß nichts so sehr die eigenen Leiden vergessen · oder doch wenigstens erträglich zu machen geeignet ist, als wenn man die Aufmerksamkeit des Leidenden auf die Schmerzen Anderer und auf die Thatsache hinzulenken sich bemüht, daß auf Erden niemand ohne Bürde.

„Das Leben ist hart," sprach er — „und gerade von den Besten fordert es die schwersten Opfer. Was ist das Leben Anderes, als ein beständiger Wechsel: bald Gewinnen, bald Verlieren? Du warst glücklich, Du warst es wenigstens eine zeitlang und Andere sehnen sich vergebens nach einem Augenblicke des Glücks und können ihn nicht erjagen. Ich liebe Deine Schwester Marie innig, von ganzem Herzen, wie nur ein Mensch lieben kann —"

„Und sie liebt Dich wieder." So groß war der Edelmuth dieses herrlichen Mädchens, daß sie selbst in ihrem grenzenlosen Schmerze nicht unterlassen konnte, Trost zu spenden, wo sie glaubte, ihn einem Leidenden gewähren zu können.

„Ich weiß es," entgegnete Weyland auf die Worte Friedrike's. „Ich weiß es, aber dennoch muß ich meinem Herzen Schweigen gebieten. Warum? Was steht zwischen uns und unserm Glück? Die rauhe Wirklichkeit, die Erfordernisse des Lebens. Soll ich den Frieden ihrer Seele stören, soll ich Wünsche in ihrem Busen erwecken, die ich nicht erfüllen kann, in absehbarer Zeit nicht? Nein, das wäre gewissenlos und auch Göthe hätte besser gethan, wenn er auf meine warnende Stimme bei Zeiten gehört und seinem Herzen Schweigen auferlegt hätte."

„O schelte ihn nicht, nicht ihn!" rief sie flehend aus.

„Das liegt mir fern," entgegnete Weyland; „denn ich weiß, daß ihn die heißen Empfindungen seines ungestümen Herzens hinrissen, vielleicht wider die bessere Erkenntniß seines Verstandes und nun mußt Du es büßen, Du armes, schuldloses Kind."

Mit von Thränen erstickter Stimme stieß sie in abgebrochenen Sätzen hervor: „Und wenn ich es könnte — — — wenn ich mich losreißen könnte von ihm — — — wer würde ihn bestimmen, sich loszusagen von mir?"

Weyland raffte alle seine Energie zusammen; denn es galt jetzt, den schwierigsten Punkt seiner Mission zu erledigen.

„Du — kein Anderer als Du wird das können," antwortete er — „und das ist der Grund, warum sich Göthe's Vater an mich wendet." Er blickte wieder in den Brief und nachdem er die Stelle, welche er suchte, gefunden hatte, fuhr er fort: „Würde ich — so schreibt

mir Göthe's Vater — in meinen Sohn bringen, ich
oder Sie oder irgend ein Anderer seiner Freunde, von
seiner Liebe abzulassen, er würde nur um so hartnäckiger
an ihr festhalten. Niemals würden wir ihn dahin
bringen, sie freiwillig aufzugeben —"

„Nein, niemals!" rief sie aus und ein Blitz freudigen
Stolzes leuchtete in den thränenfeuchten Augen auf.

„Deshalb fordere ich von ihr," las Weyland weiter,
„von ihr, der Einzigen, die dazu im Stande ist, daß
sie selbst einen Anlaß sucht, ihn von sich zu entfernen.
Wolfgang wird um so bitterer jede von ihr ihm zu-
gefügte Kränkung empfinden, je tiefer er sie liebt."

Jedes dieser Worte fiel wie ein glühender Tropfen
auf die Seele Friedrikes. Sie selbst sollte ihn von sich
entfernen! War das denkbar? War ein solches Verlangen noch menschlich? Die Grausamkeit dieser For-
derung ließ ihre Erregung, ihren Schmerz bis zur
Unerträglichkeit anschwellen.

„Ich ihn kränken!" rief sie außer sich aus. „Ich
ihm wehe thun, ich, die ich ihn mehr liebe, als mein
Leben! Reißt mir das Herz aus der Brust, tödtet
mich auf einmal und laßt mich nicht hundertfach in
einer Stunde sterben!"

Die Größe ihrer Verzweiflung ergriff Weyland auf's
Tiefste. Durfte er angesichts eines solchen Schmerzes
bei seinem Vorhaben beharren? Gab es nicht vielleicht
ein anderes Mittel, die unmögliche Verbindung Göthe's

mit Friedrike zu verhindern? Er hatte sich diese Frage in den letzten Tagen schon hundertmal vorgelegt, ohne zu einer andern Einsicht zu kommen, als der, daß Göthe's Vater Recht habe, daß nur allein Friedrike dazu die Macht besäße. Auch jetzt konnte er keinen Ausweg finden. Nein, nein, es gab kein anderes Mittel.

„Es zerschneidet mir das Herz, Dich so klagen zu hören," begann Weyland von Neuem zu Friedrike gewandt. „Und doch würde ich gegen meine bessere Einsicht sprechen, mich selbst belügen, sagte ich Dir nicht, daß das, was Göthe's Vater von Dir verlangt, geschehen muß. Wolfgangs Streben geht nach den Höhen des Lebens. Nur dort kann er leben, schaffen und wirken. Und Du, würdest Du dort an Deinem Platze sein? Hier mit der ländlichen Scenerie im Hintergrunde, zwischen den Blumen und Bäumen des Gartens, in Deinem lichten, ländlichen Kleide, mit den flatternden Zöpfen, hier erscheinst Du ihm wie eine liebliche, liebenswerthe Fee. Aber erinnerst Du Dich Deines neulichen Besuchs in Straßburg, erinnerst Du Dich, wie froh er, wie froh Du selbst warst, als Du den ungewohnten, städtischen Verhältnissen wieder den Rücken kehrtest? Welche Gefühle würden in Göthe's stolzer Brust wühlen, wenn er täglich, stündlich die Bitterkeit dieser Beobachtung empfinden müßte? Friedrike, es muß sein!"

9

„Nein, nein," stieß sie gellend hervor — „ich kann
es nicht!"

„Sollte sich Göthe's Vater in Dir getäuscht haben,"
fuhr Weyland fort — „als er schrieb: Besitzt sie so viel
Edelmuth, wie ich es hoffe, hoffen muß, so wird sie
nicht zurückschrecken vor der Größe der Aufgabe, die
ihrer harrt." Er faltete den Brief, dessen Schluß er
soeben vorgelesen hatte, zusammen und steckte ihn in
die Tasche. „Soll ich ihm," sprach er zu Friedrike —
„ihm, der so von Dir denkt, schreiben: Nein, Sie
haben Friedrike überschätzt, sie besitzt nicht diesen Edelmuth — sie ist kleinmüthig und verzagt, ihr Herz ist
schwach. Was kümmert es Friedrike, ob die Nation,
ob die ganze Welt unersetzliche Schätze des Geistes verliert, sie klammert sich an ihn mit der ganzen Zähig-
keit ihres eigennützigen Gefühls. Soll ich ihm das
schreiben?"

Weyland wußte wohl, was er that, als er an den
Edelmuth Friedrike's appellirte. Es war ein qualvoller
Kampf, der sich jetzt in des jungen Mädchens Herzen
entspann. Wenn wirklich Wolfgangs Verbindung mit
ihr diese Folgen nach sich ziehen würde, wie sie sein
Vater und Weyland voraussagten, durfte sie dann aus
Eigennutz an ihrer Liebe festhalten, nur weil sie zu
schwach war, an ein Leben ohne den Sonnenglanz von
Göthe's Liebe zu denken? Und wenn es, wie sein Vater
in seinem Briefe angedeutet hatte, eines Tages dahin

kommen könnte, daß Wolfgang ihre Liebe als eine Last empfände, daß er zu der Einsicht käme, sie habe ihn von der Erreichung der höchsten Ziele seines Dichterberufes zurückgehalten, würde dann das Leben an seiner Seite nicht tausendmal martervoller für sie sein, als ein langsames Sterben fern von ihm? War es unter diesen Umständen nicht besser, nicht schöner, das Glück ihres Lebens dem seinen zu opfern? Machte sie sich nicht dadurch seiner Liebe erst recht würdig? Ja, lieber entsagen, lieber sterben, als ein Hinderniß sein in seinem Wege zur Vollendung. „Nein, das wirst Du ihm nicht sagen," stöhnte sie im tiefsten Schmerze auf. „Schreibe ihm: Sie haben sich nicht getäuscht in Friedrike; sie wird daran sterben — aber sie wird vollbringen, was Sie von ihr forderten."

Weyland drückte ihr stürmisch die Hand.

„Ich wußte es," rief er aus. „Muth, Friedrike, Muth! Es ist bald vorüber und, glaube mir, das Bewußtsein, daß Du in hochherziger Selbstverleugnung Deine Liebe opfertest ihm selbst und uns Allen zum wahren Heil, wird Dich mit der Zeit das überwinden lassen, was Dir heute unerträglich erscheint. Ich gehe jetzt, Deine Mutter in Kenntniß zu setzen von dem, was geschehen wird, was geschehen muß." Er ging in der Richtung des Hauses, doch nicht auf dem direkten Wege, auf welchem Göthe jeden Augenblick zurückkommen konnte, eilig davon. Friedrike sank erschöpft

9*

auf die Bank nieder, mit wirren Blicken vor sich hin-
starrend. Da zuckte sie plötzlich schmerzhaft zusammen;
sie hatte ein Geräusch vernommen.

· „Kommt er schon?" schrie es schmerzlich in ihr auf
— „ist der Augenblick da?" Doch es war nur ein
Vogel gewesen, der von einem der Bäume aufgeflogen
war. Ein Seufzer entrang sich der gequälten Brust.

„Noch nicht!" murmelte sie. „Ich habe noch eine
Frist; noch besitze ich seine Liebe, sein ganzes, großes
Herz!" Und wieder kam der Schmerz, der bittere, über-
wältigende Schmerz des Kampfes, den sie eben durch-
kämpft, in seiner ganzen Größe über sie.

„Und ich soll es hingeben," stöhnte sie qualvoll auf,
„freiwillig hingeben? Seine Liebe, seine beseligende
Liebe von mir stoßen — sein Herz, sein goldenes Herz
verwunden?" Jetzt ließen sich schnelle Schritte vernehmen. Friederike sprang empor, am ganzen Körper
zitternd; krampfhaft umfaßte sie mit der Rechten die
Lehne der Bank. „Er naht!" hauchte sie, die andere
Hand auf das ungestüm pochende Herz pressend. „Ruhig,
ruhig! Noch eine Weile halte aus, du armes Herz!"

Göthe kam mit leuchtenden Augen und glücklichem
Lächeln herangestürmt. Schon von Weitem rief er ihr
entgegen:

„Es ist gelungen, Deine Eltern willigen ein, Du
gehst nach Frankfurt mit mir! Anfangs bäumte sich
das weibliche Selbstgefühl in Deiner Mutter auf:

Meine Friedrike, mein Augapfel, mein Stolz — gleich- sam durch eine Hinterpforte soll sie sich in das Haus Ihrer Eltern schleichen? Nein, nimmermehr! Ich aber umfaßte sie schmeichelnd: Lieb Mütterchen, es geschieht ja doch in ihrem, in Friedrike's Interesse! Sie ließ sich besänftigen und gab schließlich ihre Zustimmung zu meinem Plan. Und nun, Friedrike, nun dürfen wir glücklich sein — glücklich!"

Er war dicht an sie herangetreten und wollte sie eben mit seinen Armen umschlingen. Da bemerkte er ihre verstörte Miene, den herben Zug um ihren Mund und den Blick der Resignation in ihren Augen.

„Was hast Du?" rief er verwundert aus, den aus- gestreckten Arm unwillkürlich fallen lassend. „Wie selt- sam hast Du Dich verändert, seit ich Dich verließ? Vorhin ganz Glück, ganz Freude und jetzt —?"

Sie wandte ihr Gesicht von ihm ab.

„Wolfgang!" stieß sie mühsam nach Fassung ringend hervor — „ich habe es mir bedacht — Dein Plan ist nicht gut — er gefällt mir nicht — —" Wäre plötzlich ein Blitz aus dem blauen, wolkenlosen Himmel herab- gefahren, Göthe hätte nicht mehr erschrecken können, als er es jetzt vor diesen unerwarteten Worten that.

„Was sagst Du da?" rief er, ein paar Schritte zurücktaumelnd, aus. „Mein Plan gefällt Dir nicht — jetzt auf einmal nicht?"

Ohne ihn anzusehen, erwiderte sie:

„Die Mutter hat Recht. Auch in mir wehrt sich alles Selbstgefühl meiner Seele, aller Stolz meines Herzens dagegen."

Dieser überraschende Widerstand, der zu ihrem sonstigen milden und nachgiebigen Wesen, zu ihrem ihm stets bewiesenen, hingebungsvollen Vertrauen in so grellem Contrast stand, erfüllten ihn mit tiefer Bitterkeit. Er hatte alles so schön ausgedacht und er war, nach Ueberwindung des Widerstandes ihrer Mutter, des Gelingens seines Planes schon so sicher gewesen, und nun war alles wieder in Frage gestellt in Folge einer unberechenbaren Laune Friedrike's.

„So ist Dein Stolz größer, als Deine Liebe?" entgegnete er mit zuckenden Lippen. „Aber ist es denn Stolz? Nein, Eitelkeit ist es, erbärmliche Eitelkeit! Verdient mein Vater nicht, daß man liebevoll seine Schwäche schont? Verdiene ich nicht, daß man mir zu Liebe seinem Stolze ein Opfer abringt?" Die Röthe des Zornes stieg ihm in die Wangen.

Sie drängte mit übermenschlicher Anstrengung die in ihr aufsteigenden Thränen zurück und mit vor Aufregung heiser und fast rauh klingender Stimme entgegnete sie:

„Wenn Du nicht offen um mich zu werben Dich getraust, wenn Du von mir verlangst, daß ich eine Comödie aufführen soll, um mir das Haus Deiner Eltern zu erschließen, so —" Sie athmete hastig und schwer. Sollte sie es aussprechen das Wort, das ihn für immer von ihr entfernen mußte?

„Nun — so?" rief er in fieberhafter Spannung aus, als sie stockte.

Sie stieß das Folgende in jäher Hast heraus:

„So ist es besser, ich betrete es nie."

Seine hohe Gestalt erzitterte, alles Blut wich für einige Augenblicke aus seinen Wangen und drängte sich ihm zum Herzen.

„Nie!" schrie er auf. „Narrt mich denn ein Traum? Bist Du es, Friederike, die mir das sagt?" Er unter= drückte mit gewaltiger Anstrengung den in ihm auf= steigenden Zorn.

„Doch ich will ruhig sein," fuhr er fort — „ich will alle Bitterkeiten, die mir angesichts Deines Wankel= muthes auf die Zunge treten wollen, zurückdrängen. Noch vor einer halben Stunde ganz Hingebung und jetzt kalt, trotzig, herzlos!"

Er näherte sich ihr wieder und erfaßte ihre Hand.

„Nein, es ist nicht möglich," rief er bittend aus. „Es ist nur eine vorübergehende, kindische Laune. Be= sinne Dich auf Dich selbst." Er warf sich auf die Knie nieder. „Hier auf meinen Knieen beschwöre ich Dich, Friederike, bringe mir dies eine kleine Opfer Ich will es Dir ewig danken, Dir lohnen mit dem ganzen reichen Schatze meiner Liebe. Zertrümmere nicht in kindischem Trotze Dein, mein Glück!"

Was Friederike in diesem Augenblick litt, kann mit
Worten nicht beschrieben werden. Und so oft sie später,
nach Jahren, an diese Scene zurückdachte, fühlte sie
sich jedesmal von einem kalten Schauder ergriffen und
unbegreiflich blieb es ihr immer, daß der Schmerz
dieser Minute sie nicht getödtet hatte. Wie flog ihm
ihr Herz, alle Empfindungen ihrer Seele entgegen.
Und dennoch mußte sie kalt erscheinen, kalt und herzlos.
Mit krampfhaftem Griff hielt sie sich an der Lehne der
Bank aufrecht und mit verzweiflungsvollem Blick zum
Himmel aufblickend, als erwarte sie von dort Hilfe in
dem schwersten Kampfe ihres Lebens, entgegnete sie
mit mühsam erheuchelter Härte:

„Nein, nein, ich kann, ich will es nicht."

„Friederike!" bat er noch einmal mit flehender
Stimme.

Sie fühlte, daß sie die unerträglich martervolle
Scene beenden müsse, wolle sie nicht den auf sie ein-
stürmenden Gefühlen erliegen.

„Nein! Laß mich!" stieß sie mit dem letzten Auf-
gebot ihrer Kraft hervor, ihm mit nervösem Ruck ihre
Hand entreißend.

Göthe sprang hastig empor. Er fühlte sich auf's
Tiefste beleidigt und Scham und Entrüstung trieb ihm
das Blut heiß zum Kopf.

„Und wenn mein Vater selbst jetzt käme, Deine
Hand in die meine zu legen," rief er mit zornig

vibrirender Stimme aus, „ich stoße sie zurück, wie Du mich soeben zurückgestoßen hast. Du bist nicht die Friedrike, die ich geliebt, Du bist es nicht mehr." Der Ton seiner Stimme nahm eine weiche Färbung an. „Sie war mild und sanft, wie ein Kind nachgiebig und zutraulich. So war sie: meine Friedrike, so lebt sie in meinem Herzen. Du bist es nicht: Du bist ein fühllos, eitel wankelmüthig Ding, Dich mag ich nicht, Dich liebe ich nicht. Fort, fort von hier, wo man meine Hand trotzig von sich stößt, mein Herz voll Liebe mit Füßen tritt. Fort, fort!" Ohne sich noch einmal umzublicken, stürzte er in höchster Erregung davon.

Friedrike sah mit einem Blick hoffnungsloser Verzweiflung nach oben.

„Es ist vollbracht!" kam es in leisem Hauche von ihren Lippen. Dann ließ sie, das Haupt herabsinken und einige Minuten hindurch verharrte sie regungslos, erschöpft von der übermäßigen Erregung der letzten Stunde. Plötzlich aber kehrte ihr das Bewußtsein ihres Verlustes in seinem ganzen Umfange zurück, der Schmerz wallte ungestüm in ihr auf und in heiß emporflammender Sehnsucht nach ihm rief sie, beide Arme nach der Richtung, in der Göthe eben verschwunden war, ausstreckend: „Wolfgang! Ich liebe Dich ja, unendlich liebe ich Dich." In wilder Verzweiflung rang sie die Hände. „Ich habe Dir so wehe gethan, so wehe. Verzeihe mir! Sie sagen ja, es

müsse sein. O komm', komm' zurück! Ich glaube
Ihnen nicht mehr, ich will ja alles thun, wie Du es
willst."

In athemloser Spannung lauschte sie in den Park
hinein.

„Zu spät!" klagte sie in herzzerschneidendem Weh'.

„Er ist fort — fort! Und nie wieder werde ich
ihn sehen, nie — nie! Hier stand er — noch vor einer
Minute — und da knieete er, er, mein Wolfgang, mein
Abgott vor mir!" In überwallendem Schmerz warf
sie sich auf den Boden nieder und berührte die Stelle,
wo er noch vor wenigen Minuten gestanden, mit ihren
Lippen. Nun richtete sie sich mühsam auf. Und plötzlich stieg die Erinnerung an all das unbeschreibliche
Glück, an alle Wonnen der letzten Wochen in ihr
empor. Das Alles sollte dahin sein — für immer dahin?

Sie fuhr mit der Hand über ihre fieberheiße Stirn.

„Vielleicht war es nur ein Traum," murmelte sie
vor sich hin — „ein böser Traum." Und sich ver-
zweiflungsvoll an diesen Gedanken klammernd, schrie
sie in erschütternden Tönen zum Himmel empor:
„Mein Gott, mein Gott, laß mich erwachen!" Aus
ihren irren Blicken leuchtete das beginnende Fieber.
Doch schon nach wenigen Augenblicken schien ihr das
Verständniß der Situation zurückzukommen.

„Nein, nein!" murmelte sie, nach der Bank tastend.
„Hier ist die Bank — hier der Baum —" mit zittern-

der Hand griff sie nach der Tafel, die Göthe an dem glücklichsten Tage ihres Lebens hier befestigt hatte — „und hier die Tafel!" Es war ein bitteres, schneidendes Lachen, das jetzt aus ihrem Munde erklang: „Friedrikensruhe!" Sie tastete nach ihren Augen, die keine Thränen hatten.

„Meine Augen sind heiß und trocken," sprach sie, „keine Thräne! Nein, nein, ich will nicht weinen. Mein Schmerz ist zu groß, zu ungeheuer groß, als daß er sich durch Thränen mildern ließe. Ich bin müde" — fuhr sie mit schwacher Stimme fort — „todtmüde, ich will zur Ruhe gehen." Nur wenige Schritte hatte sie wankend in der Richtung nach dem Pfarrhause zurückgelegt, als von der andern Seite her der würdige Pfarrer in ungewöhnlicher Eile und mit allen Anzeichen einer starken Erregung auf dem Rasenplatz erschien.

„Friedrike!" rief er aus, die Tochter erblickend — „um Himmelswillen, was ist geschehen? Soeben stürzt Göthe mit fliegendem Haar, mit glühenden Augen an mir vorbei. Was ist Ihnen? rufe ich ihn an. Lassen Sie mich! stammelt er zurück. Lassen Sie mich! Alles ist aus — alles!" Ein Zug unendlichen Weh's trat in dem nervös zuckenden Gesicht des unglücklichen jungen Mädchens hervor und mit irren Blicken in die Luft starrend, sprach sie mit so leiser Stimme, daß der erstaunt aufhorchende Pfarrer die Worte kaum verstehen konnte: „Ja, es ist alles aus. Die Sonne leuchtet nicht mehr am Himmel, die Blumen blühen nicht mehr im Garten, die Lerche fingt nicht mehr im Felde. Es ist alles, alles aus.“

In diesem Augenblicke kam auf dem vom Garten herführenden Wege mit eiligen Schritten die Pfarrerin, gefolgt von Weyland und Marie, heran. Weyland hatte ihr alles erzählt, von dem Briefe, den Göthe's Vater an ihn geschrieben und von dem heldenmüthigen Entschlusse Friedrike's, den geliebten Freund mit eigner Hand von sich zu stoßen. Schon von Weitem breitete die tief bewegte Frau die Arme gegen ihren unglücklichen Liebling aus.

„Mein Kind — mein armes Kind!“ stieß sie weinend hervor.

Bei dem Anblick der geliebten Mutter ging in Friedrike's Gesicht eine wunderbare Veränderung vor. Der starre Ausdruck wich vollkommen daraus, die Augen füllten sich mit Thränen und in ein erschütterndes Schluchzen ausbrechend, warf sie sich der Herankommenden an die Brust.

„Mutter, meine Mutter!“ schrie sie auf und in diesem einen Schrei drückte sich der ganze Schmerz, alle Noth ihres todtwunden Herzens aus.

# VIII.

Acht Jahre sind seit jener für Friederike Brion's Leben so bedeutungsschweren Stunde dahingegangen. In dem Pfarrhause zu Sesenheim hat sich wenig verändert. Der Pfarrer raucht seine Pfeife, geht in Garten und Park spazieren und brütet über der Sonntagspredigt, wie in früheren Jahren, die Frau Pfarrerin schaltet und waltet mit demselben ruhigen, milden Wesen und Marie ist noch immer heiter und guter Dinge, wie einst. Auch Garten und Park haben dasselbe Aussehen, wie damals, als noch der Liebling des Pfarrhauses am Arme des lustigen Straßburger Studenten auf Stegen und Wegen dahinschritt. Ueber der Bank auf dem Rasenplatz befindet sich noch die Tafel mit der Inschrift „Friederikensruhe" und auf der Bank selbst sitzt an so schönen Tagen, wie der 25. September 1779 einer war, wie ehedem, eine zarte, schlanke Mädchengestalt. Freilich in dem Innern sowohl, wie in dem Aeußern der „Rose von Sesenheim", von der dieser Platz seinen Namen hatte, hat sich gar Mancherlei verändert. Die großen, blauen Augen blicken nicht mehr froh und hell in den Tag hinein, sondern starren trüb und mit dem Ausdruck hoffnungsloser Resignation vor sich hin. Von den Wangen ist die Rundung und die frische Farbe gewichen und die Haltung der Sitzenden ist nicht mehr straff und elastisch, sondern müde und gebrochen. Sie hält ein aufgeschlagenes Buch in der Hand, auf dessen Titelblatt die Worte: Clavigo, ein Trauerspiel von Wolfgang Göthe — stehen. Ihr Auge verweilt auf der zweiten Scene des ersten Actes. Sie hat die Stelle wohl schon hundertmal gelesen: „Ich will stille sein; ja, ich will nicht weinen. Mich dünkt auch, ich hätte keine Thränen mehr. Und warum Thränen? Denn im Grunde, worüber beklag' ich mich? Ich habe viel Freude gehabt. Clavigo's Liebe hat mir viel Freude gemacht, vielleicht mehr, als ihm die meinige. Und nun — was ist's nun weiter? Was ist an mir gelegen, an einem Mädchen gelegen, ob ihm das Herz bricht, ob es sich verzehrt und sein armes, junges Leben ausquält?"

Sie ließ das Buch herabsinken und ihr Auge blickte sinnend darüber hinweg.

„Ob wohl mein Bild vor seiner Seele schwebte, als er diese Worte niederschrieb?" sprach sie leise vor sich hin. „Gewiß! Denn ist Marie's Geschick nicht ganz das meine? Ueber ihre Liebe hinweg führte Clavigo's Weg zu Rang und Ansehen, wie über die meinige Göthe's zu Ruhm und Ehre." Gedankenvoll ließ sie das Haupt auf die Brust herabsinken. Die

Vergangenheit mit ihren Schmerzen, ihren qualvollen Kämpfen lebte wieder in ihr auf. Ein schwerer Seufzer entrang sich ihrer Brust.

„Acht Jahre sind es nun," sprach sie bei sich selbst, „daß er zum letzten Mal hier vor mir stand. Was habe ich nicht gelitten in der langen, langen Zeit! Im Anfang war es mir, als müßte mich der Schmerz, der übergroße Schmerz erwürgen, als müßte ich, um nicht daran zu ersticken, hinausschreien in alle Welt: was man mir angethan, welch' Opfer man mir aufauferlegt. Lange Zeit hörte ich nichts von ihm — mein Herz begann sich an sein Leid zu gewöhnen: ein dumpfes Dahinbrüten war mein Leben, ohne Wunsch, ohne Erregung — eine lange, einförmige Kette von grauen Tagen. Da erschien sein Götz von Berlichingen. Ein Schrei der Bewunderung ging durch ganz Deutschland. Welch' eine Kraft! Welch' ein titanenhafter Drang nach Freiheit und Natur! Der Name Wolfgang Göthe war auf aller Lippen. Da wallte es wieder heiß und siedend mir zu Kopf und Herzen. Er, der so Herrliches geschaffen, der Aller Herzen schwellen machte vor Entzücken und Bewunderung, er war mein gewesen, mein — mein! Mir hatte sein Herz gehört, das er jetzt allen hingab. — — Da hab' ich ihn zum andern Mal verloren."

Sie hatte die letzten Worte mit dumpfer, fast tonloser Stimme gesprochen und ihre Gestalt war kraftlos in sich zusammengesunken. So verharrte sie eine Weile grübelnd und sinnend. Plötzlich richtete sie sich straff empor und ihre Augen begannen fast freudig aufzuleuchten.

„Und wieder verging Jahr um Jahr. Andere herrliche Werke schenkte sein Genius der Welt, die, wie jenes, ihm Ruhm erwarben, Ruhm und Freunde. Aber das Gefühl, mit dem ich jetzt seiner Triumphe Zeugin wurde, war ein anderes geworden. Nicht mehr Schmerz erfüllte mich, nicht Verzweiflung, sondern Stolz und ein edles Selbstgefühl. Mein armes Herz hatte nicht umsonst geblutet: mit jeder Thräne, die ich um ihn geweint, mit jedem Seufzer, der sich mir vom qualvoll aufstöhnenden Herzen losgerungen, habe ich ihn geweiht zum Dichter seines Volkes. Ich bin nicht mehr arm und bejammernswerth, mein Leben hat einen Zweck gehabt, einen großen Zweck, der mich über mich selbst erhebt. Und nichts hätte ich mehr zu wünschen, als ihn noch einmal zu sehen, von ihm zu hören, daß er mir verziehen, daß er meiner nicht mehr in Haß und Groll gedenkt. Dann würde meine Seele Frieden haben, vollen Frieden."

Jetzt zog sie aus der Tasche ihres dunklen, schmucklosen Kleides ein kleines, zierlich gebundenes Büchlein hervor. Sie legte es auf den Tisch vor sich hin.

„Komm' her, Du Gedenkbüchlein meiner Wonnen, meiner Schmerzen," sprach sie — „laß mich noch einmal in der Erinnerung durchleben, was ich genossen, was ich gelitten." Sie begann sich in die Lektüre ihrer Tagebuch-Aufzeichnungen zu vertiefen und ein mattes Roth färbte unter dem Eindruck des Gelesenen die blassen Wangen. Da ließen sich leichte, elastische Schritte vernehmen und vom Garten her näherte sich unter Lachen und Scherzen Hand in Hand ein junges, fröhliches Paar. Weyland war es und Marie. Aus Beider Augen blitzte noch immer der lustige Schalk und die inzwischen über sie dahingegangenen Jahre hatten nur wenig Spuren auf den frischen Gesichtern zurückgelassen.

Friederike war bei dem Geräusch ihrer Schritte aufgestanden und ihnen entgegen gegangen.

„Liebe Friederike," begann Weyland — „Du siehst in uns zwei Glückliche, die nach dem Segen der Eltern auch Deinen schwesterlichen Glückwunsch zu erbitten kommen."

Friederike umarmte die Schwester und drückte dem Sprechenden herzlich die Hand. Die Nachricht überraschte sie nicht sonderlich.

„Ihr verdient Euer Glück redlich," sprach sie. „Lange genug habt ihr Euch danach sehnen müssen."

„O, wie könnte ich mich beklagen!" lachte Weyland heiter. „Vierzehn Jahre diente Jakob um Rahel, ich nur die halbe Zeit um Marie. Eine harte Zeit war's freilich," fuhr er etwas ernster fort — „als ich vor sieben Jahren die Universität verließ, um mir eine Praxis zu gründen. Die Menschen waren damals merkwürdig gesund und je gesünder sie waren, desto kränker wurde ich —" er deutete mit tragikomischer Miene auf sein Herz — „hier! Ich war oft mein einziger Patient und der zahlte nicht. Nach und nach wurde es zwar besser, aber um mir einen so kostspieligen Luxusgegenstand anzuschaffen, wie eine Frau es ist, dazu wollte es immer noch nicht ausreichen. Heute nach siebenjährigem Langen und Bangen in schwebender Pein — wie unser Freund Göthe in seiner neuesten Dichtung sagt — habe ich endlich das erlangt, wonach ich so lange Zeit strebte: eine große Praxis und eine kleine Frau." Er umfaßte die glückstrahlend zu ihm aufschauende Braut mit beiden Armen und drückte einen herzlichen Kuß auf ihre schwellenden Lippen.

In Friedrike stieg bei Betrachtung des Glückes der beiden Liebenden die Erinnerung an die eigene, selige, unvergeßliche Liebeszeit auf und eine heiße Thräne rollte langsam über ihre Wange. Marie, den Schmerz Friedrike's gewahrend und dessen Ursache errathend, machte sich schnell aus Weyland's Armen los und trat an die Schwester heran.

„Verzeihe!" bat sie, Friedrike liebevoll umfassend. „Das Glück macht selbstisch und rücksichtslos." Auch Weyland bemerkte jetzt den Eindruck, den die Aeußerung von seinem und Marie's Liebesglück unwillkürlich auf Friedrike hervorgebracht hatte.

„Noch immer nicht überwunden?" rief er in ehrlicher Bestürzung aus. Und gleich darauf fuhr er in der guten Absicht, Trost zu spenden, fort:

„Laß nur gut sein, Friedrikchen! Wenn ich erst meine kleine Braut hier heimgeführt habe, dann ziehst Du zu uns nach der Stadt und Du sollst sehen, wie schnell sich ein Mann findet, der sich glücklich schätzt, wenn Du seine Bewerbung erhörst. Natürlich hier heraus nach dem langweiligen Sesenheim kommt ja kein vernünftiger Mensch —" Das laute Lachen Marie's unterbrach ihn — „Ja so," setzte er schnell hinzu, „Ausnahmen kommen natürlich vor."

Mit einem wehmüthigen Lächeln entgegnete Friedrike: „Ich danke Dir, lieber Fritz, für Deinen guten Willen, aber Deine Hoffnungen in dieser Hinsicht werden sich nie erfüllen."

„Unsinn!" warf Weyland murrend ein — „so darfst Du mir nicht reden! Es ist Euer Beruf, Frauen zu werden und Mütter. Warum willst Du ihn nicht erfüllen?" Nach seiner Ansicht hatte sie nun lange genug um den Verlust Göthe's getrauert. Auch Marie bekannte sich zu derselben Anschauung.

„Ja, Fritz hat Recht," bemerkte sie. „Warum sollst Du nicht auch glücklich werden, warum soll Deinem Herzen nicht ein neuer Frühling erblühen?"

Ein halb vorwurfsvoller, halb schmerzlicher Blick traf die Sprechende aus Friedrike's Augen. „Das fragst Du mich, Marie!" entgegnete die Letztere, die Hand auf das höher schlagende Herz pressend. „Glaubst Du wirklich, daß dieses Herz, das einen Göthe geliebt, je einem Andern angehören könnte? Wie eine Heiligthumschänderin würde ich mir vorkommen, könnte ich es je einem anderen Manne erschließen. Hat er es nicht mit seiner Liebe geheiligt, geweiht für alle Zeit und Du glaubst, ich könnte das je vergessen, ihn vergessen?" Die Röthe auf ihren Wangen hatte eine dunklere Färbung angenommen, ihre Augen schimmerten in feuchtem Glanze.

„Beruhige Dich, Friedrike," tröstete Weyland in herzlichem Tone. „Dein Opfer war nicht vergebens gebracht. Er hat herrlich gehalten, was er versprach, unser Wolfgang. Die stolzesten Hoffnungen hat er erfüllt, mehr als erfüllt. In einem Alter, in dem wir Anderen erst anfangen etwas zu werden, ziert ihm bereits der Lorbeer unvergänglichen Ruhmes die jugendliche Stirn. Mit schnellen Schritten hat er die Höhen des Lebens erstiegen, ein edler, vom lautersten Streben erfüllter Fürst nennt ihn Freund und Bruder und die stolzesten Geister des Vaterlandes huldigen ihm. Wie mir Salzmann schreibt, befindet sich Göthe zur Zeit mit dem Herzog Karl August auf einer Reise durch Deutschland und die Schweiz, auf welcher er

Straßburg berühren wird. Es soll mich wundern, ob er sich bei dieser Gelegenheit seiner Freunde in Sesenheim erinnern wird."

Diese unerwartete Nachricht, die Weyland jetzt mittheilte, der erst am Morgen von dem nahen Lichtenau, in welcher Stadt er praktizirte, herübergekommen war, erfüllte Friedrike mit lebhafter Unruhe. Wenn Göthe wirklich nach Sesenheim hinauskäme? Wie sollte sie ihm begegnen? Sie mußte mit sich zu Rathe gehen über diese Frage, allein, in ihrem stillen Stübchen. Sie machte sich unter einem Vorwand von den beiden Liebenden los, die ihr langsam ins Haus nachfolgten.

# IX.

Inbeß, während dieses Gespräch auf dem Rasen-
platze im Park von Sesenheim stattfand, schritt
ein rüstiger Wanderer auf dem uns bekannten Fuß-
weg, der von Drusenheim querfeldein nach Sesenheim
führte, schnellen Schrittes dahin. Er trug einen hecht-
grauen, mit Goldborte verbrämten Rock und in der
Hand hielt er eine elegante Reitgerte. Im Gasthof zu
Drusenheim hatte er sein Pferd eingestellt und Er-
kundigungen über die Bewohner des Sesenheimer Pfarrhauses eingezogen, ohne daß Georg, der freundliche
junge Wirth, der nach des Vaters Tode die Wirthschaft
übernommen hatte, in dem elegant, fast höfisch ge-
kleideten Manne mit dem ernsten, gedankenvollen Blick,
den lustigen Straßburger Studenten vom Jahre 70,
dem er selbst einmal bei einem Schelmenstück hilfreiche
Hand geleistet hatte, wieder erkannt hätte.

In der Seele des jungen Dichters, der zum ersten
Male seit acht Jahren wieder auf diesem, einst so oft
gewandelten Wege dahin schritt, stieg unwillkürlich die
Erinnerung an die mit dieser Scenerie verknüpften
Ereignisse seines Lebens auf.

In wüthendem Zorn war er damals nach seiner letzten Begegnung mit Friedrike spornstreichs nach Straßburg geeilt mit dem Gelöbniß, nie nach Sesenheim zurückzukehren. Dennoch hatte er, obgleich ihn nichts mehr zurückhielt und er in des Vaters Hause sehnsüchtig erwartet wurde, noch einige Tage in Straßburg verweilt, in der stillen Hoffnung, Friedrike würde ihr Unrecht einsehen und ihn mit bittenden und Besserung gelobenden Worten zurückrufen. Als sich diese Hoffnung als trügerisch erwies und als auch der inzwischen ebenfalls nach Straßburg zurückgekehrte Weyland auf sein Befragen erklärte, daß ihm keinerlei Botschaft an ihn aufgetragen sei, da hatte sich sein Herz noch mehr verbittert, und er war nun endlich nach Frankfurt geeilt mit dem festen Vorsatz, die Erinnerung an die in Sesenheim verlebte Zeit für immer aus seinem Gedächtniß zu verbannen. Er hatte sich in einen Strudel von Arbeit und Vergnügen gestürzt, hatte vielerlei neue Verbindungen angeknüpft, um die Stimme seines Herzens zu übertäuben. Die Zeit hatte seinen Schmerz und seinen Groll gelindert und als er nun auf seiner Reise mit seinem fürstlichen Freunde und Gönner Straßburg berührte, da konnte er der Versuchung nicht widerstehen, sich aufs Pferd zu schwingen und wieder einmal auf dem so oft zurückgelegten Wege dahinzusprengen, um noch einmal die Stätte wiederzusehen, wo er einst die reinsten Freuden seines Lebens genossen.

Und wie er es damals in seiner Straßburger Zeit bei seinen häufigen Ausflügen nach Sesenheim zu thun pflegte, so suchte er auch heute, anstatt von der Dorf- straße aus in das Pfarrhaus zu treten, zuerst jene Stelle im Park auf, die er einst, einem plötzlichen Einfalle nachgebend, „Friederikensruhe" getauft hatte. Unwillkürlich falteten sich seine Hände, als er den für ihn mit den seligsten und schmerzlichsten Erinnerungen verknüpften Platz betrat und mit einem Blick tiefer Rührung die Tafel betrachtete, die er an jenem ereigniß- reichen Maitage selbst an dem Stamme des Baumes befestigt hatte.

„Friederikensruhe!" kam es leise von seinen Lippen. „Wie ein heiliger Schauder erfaßt es mich. Es ist mir, als ob ich in ein Gotteshaus träte, eine geweihte Stätte beschritte. Und ist sie nicht geweiht," fuhr er sinnend fort — „die Stelle, wo zwei junge, frische Menschenherzen sich der reinsten Liebe erschlossen? O, daß der Mehlthau ihres Trotzes die Blüthe unserer Liebe knickte! Ein unentwirrbares Räthsel ist das Frauenherz." Ein Ausdruck sanfter Wehmuth lagerte sich auf dem ernsten Gesicht des jungen Dichters.

„Ich habe längst verlernt," sprach er weiter — „ihrer in Groll zu gedenken. Weiß ich doch, daß ich das, was ich in diesen Jahren seit jenem Tage des

bitterſten Schmerzes geſchaffen, zum großen Theil ihr,
meiner Liebe und meinem Schmerze zu danken habe.
Ja, meinem Schmerze, denn klar iſt es mir in all'
dieſer Zeit der Luſt und des Schmerzes geworden,
daß ein Dichter, der die höchſten Wirkungen erſtrebt,
nicht dauernd glücklich ſein darf. Das einförmige,
ruhige Glück macht träge. In ſeiner Seele muß, wie
im Meere, Ebbe und Fluth miteinander wechſeln.
Nach den ruhigen Tagen ſonnigen Glücks muß der
Sturmwind des Schmerzes, der Raſerei über ihn
dahinbrauſen und ſeine Seele in ihren Tiefen erregen.
Der Schmerz läutert und erhebt. Und gerade jene
Perlen dichteriſcher Beredſamkeit, die die Seele des
Hörers in ſanften Schwingungen des Mitgefühls er-
beben laſſen, nur einem blutenden Herzen können ſie
entquillen.“

Jetzt trat Göthe an den Tiſch heran. „Bücher!“
ſprach er, die von Friederike zurückgelaſſenen Bände
bemerkend. „So hat ſie noch vor Kurzem hier geweilt.“ Er ſchlug das Größere auf. „Clavigo!“ rief
er überraſcht aus. „Sie las in meinem Clavigo.“
Jetzt ergriff er das andere, mit einem goldenen Rand
geſchmückte Büchelchen und blätterte darin. „Tagebuch
von Friederike Brion,“ las er auf der erſten Seite.
„Wie zarte, feine Schriftzüge,“ ſprach er weiter blät-
ternd — „ſo zart, wie ihre Seele es war.“ Plötzlich
erregte eine Stelle ſeine Aufmerkſamkeit. „Am 11. Mai

1771" — hieß es ungefähr in der Mitte des Tagebuchs. Göthe las mit inniger Ergriffenheit die unter diesem Datum stehenden Sätze, die von der tiefen Empfindung des einfachen Dorfkindes, welches die Liebe zur Dichterin gemacht hatte, beredtes Zeugniß ablegten.

„Nach seinem ersten Kusse. War je ein Wesen unter der Sonne so glücklich, wie ich es bin? Sein Kuß erweckte in mir ein Glücksgefühl, das ich in jedem Gliede meines Körpers fühle. Aller Welt möchte ich es sagen, wie selig ich bin, und doch wieder erscheint mir mein Liebesglück als etwas Heiliges, das ich mich scheue, anderen Augen zu enthüllen. O, wär' ich ein Vöglein, ich wollte mich in die Lüfte schwingen und mein Glück zum Himmel hinaufjubeln in Melodien, die niemand verstände, als Gott und ich. O, wär' ich eine Blume, ich würde meine Seligkeit in die Winde hauchen und niemand spürte es, als der Schmetterling, der mich umgaukelt, und ich. O, wär' ich der Bach, der durch die Wiese eilt, immerfort ohne Ruh', ohne Rast plätscherte ich mein süßes Geheimniß: ich liebe ihn, er liebt mich, ich liebe ihn — und niemand hörte es, als die Ufer und ich." Göthe hielt ergriffen inne.

„So glücklich in meiner Liebe," murmelte er — „und doch — doch!" Er blätterte weiter, da kam er an eine Stelle, die zu der Zierlichkeit und Sauberkeit des übrigen Theils des Buches in einem befremdlichen Gegensatz stand. Die Schriftzüge waren hier unregelmäßig und kraus, dazwischen waren einzelne Worte, wie von Thränen, verwischt. Unwillkürlich begann er zu lesen: „Acht lange Tage habe ich im Fieber gerast. Heute zum erstenmal aufgestanden. So kommt denn, ihr verschwiegenen Blätter, euch will ich anvertrauen meinen Schmerz, meinen ungeheuren, unüberwindlichen Schmerz! Mußte es denn sein, mußte es sein? Mit dieser Frage martere ich meinen müden Kopf wieder und wieder. Mußte mein Herz zu Boden getreten werden, um meinem Wolfgang den Weg zu den Höhen des Ruhmes freizumachen?"

Göthe blickte befremdet auf und warf einen Blick um sich, als wolle er sich vergewissern, daß er nicht träume. Dann las er hastig weiter, bis er zum Ende gekommen war. Tief erschüttert ließ er das Buch fallen und schlug die Hände vor das Gesicht.

„Ah, das ist entsetzlich!" stöhnte er. „Mit eigener Hand stieß sie den Dolch sich in das Herz. Einer Märtyrerin gleich brachte sie sich selbst zum Opfer dar. Und während ihr Herz in den Zuckungen des Todeskampfes sich wand, schmähte ich sie mit harten Worten, ich — die Heilige! O, was muß sie gelitten haben!" rief er erregt aus. „Aber ich will eilen, mich ihr zu Füßen werfen, ihr sagen —" Er stürzte vorwärts, nach dem Hause zu.

In diesem Augenblick erschien an der Biegung des Weges Friederike, die ihre Bücher vermißt hatte und die nun kam, um dieselben zu holen. Kaum hatte Göthe die Gestalt der einst so heiß Geliebten erblickt, als er mit ausgebreiteten Armen auf sie zueilte.

„Friedrike!" rief er jubelnd und schmerzlich zugleich aus.

Auf Friedrike schien der Klang dieser Stimme noch immer die alte Wirkung auszuüben. Auch sie stürzte ihm entgegen und ein Freudenschrei kam von ihren Lippen.

„Wolfg —" Doch schnell, wie sie gekommen, erlosch diese Regung wieder und die bereits erhobenen Arme wieder sinken lassend, sagte sie mit erzwungener Förmlichkeit:

„Herr Göthe —"

Aber in ihm flammte die Liebe, welche er einst für Friedrike empfunden, von Neuem in ihrer ganzen Stärke auf und zu ihren Füßen niedersinkend, rief er mit leidenschaftlicher Gluth aus:

„Nein, nicht Herr Göthe — Wolfgang, Dein Wolfgang, der sich Dir zu Füßen wirft, Deine Kniee flehentlich umklammert und Dich, Du Herrliche, bittet, ihm zu verzeihen. Ich weiß alles — aus jenem Buche da — und wieder gut machen will ich, was ich an Dir gefehlt. Jetzt sollen sie nicht mehr zwischen uns treten und Dich mit schmeichlerischem Wort zu unerhörtem Opfer bewegen. Ich will über Dir wachen, wie über

meinem Augapfel. Jede Stunde meines Lebens will
ich Dir widmen, Dir und Deinem Glücke." Vergebens
versuchte Friedrike durch bittende Gebärden den Sturm
seiner leidenschaftlichen Worte zu hemmen. „Für jede
Minute des Schmerzes," fuhr er gluthvoll fort, „die
Du um mich durchseufzt, will ich Dir eine Stunde
des Glücks schaffen. Auf meinen Armen will ich Dich
durch's Leben tragen, an meinem Herzen sollst Du,
Schwergeprüfte, Dich wieder freuen lernen."

In Friedrike's Brust tobte noch einmal der schmerz-
volle Kampf zwischen heißer Liebessehnsucht und edel-
müthigem Entsagen. Die Wunden, welche kaum ver-
narbt waren, brachen von Neuem auf. Da kniete er,
nach dem sie sich mit blutendem Herzen gesehnt Tag
und Nacht, vor ihr und bat um ihre Liebe. O, wie
schön, wie zauberhaft schön müßte es sein, die Arme
um seinen Hals zu schlingen, sich an ihn zu pressen
und mit den verschmachtend durstigen Lippen das Glück
in sich hineinzutrinken, das Glück, nach dem ihr Herz
manch' bange Nacht hindurch mit fiebernden Pulsen
gerungen hatte. Aber das Erwachen aus dem schönen
Traum würde nicht ausbleiben und dann — dann —?
Nein! Es durfte nicht sein, sie durfte nicht der so be-
rückend an sie herantretenden Versuchung unterliegen.
„Wie habe ich mich gesehnt nach diesen Worten!"
sprach sie leise, wie zu sich selbst. „Es war mein einziger Wunsch, noch einmal diese Sprache zu hören."

Sie trat dicht an Göthe heran, der sich bei ihren Worten freudig erhoben hatte.

„Dennoch ist das Glück, das Sie da schildern, nicht mir beschieden."

Als Göthe's Stirn bei diesen Worten sich unmuthig furchte, legte sie ihre Hand beschwichtigend auf seinen Arm.

„Prüfen Sie sich selbst, mein theurer Freund," fuhr sie mit weicher Stimme fort — „ruhig und ehrlich! Hätte Wolfgang Göthe seinen Götz schreiben können, wenn die Schwingen seines Geistes gelähmt worden wären von der Sorge um das tägliche Brod für sich und sein Weib? Oder würde Friederike von Sesenheim sich glücklich fühlen können am herzoglichen Hof zu Weimar? Nein, so sehr auch mein Herz sich sträubte gegen diese Erkenntniß, es hat doch einsehen gelernt, daß das, was geschah, geschehen mußte." Ein unbeschreiblich ergreifendes Lächeln trat auf ihre Lippen. „Und ist denn mein Loos ein so beklagenswerthes? Nein! In Ihren Triumphen schwelge ich, jeden Erfolg, den Sie erringen, empfinde ich wie einen eigenen."

Göthe fühlte sich im Innersten seines Herzens erschüttert und doch mußte er sich sagen, daß ihre Worte eine unleugbare Wahrheit enthielten. War ihm doch selbst während der letzten Jahre in Weimar zuweilen der Gedanke gekommen, wie sich Friederike wohl in das Hofleben gefunden haben würde. Allerdings, hätte er

Friederike's Schicksal mit dem seinen verbunden, er wäre wohl kaum je in diese Kreise gelangt und sein Leben hätte wohl einen ganz anderen Verlauf genommen. Ueberwunden von ihrer Hochherzigkeit und ihrem tapferen Wahrheitsmuth rief er aus:

„Du Herrliche, Du Edle, ja, ich wäre ein Heuchler, würde ich mich der Wahrheit verschließen. In Deinen Händen lag einst mein Schicksal, meine Zukunft. Was ich bin, was ich je werde, Dir habe ich es zu danken. Das Feuer Deiner Liebe, meines Schmerzes um Dich hat mich zum Manne gestählt, hat mich zum Dichter geläutert. An Allem, was ich schaffe, hast Du einen Antheil, und wo man einst preisenden Mundes den Namen Wolfgang Göthe nennen wird, da soll man mit demselben Athemzug Dich segnen, Friederike, Du Heilige von Sesenheim!"

Sie hatten sich bei den Händen gefaßt und so standen sie eine Weile lautlos, überwältigt von ihren Empfindungen und einander tief in die Augen blickend. Was in dieser Minute durch Friederike's Seele zog, entschädigte sie reich für alle erlittene Qual der letzten Jahre.

Dann gingen sie Hand in Hand in das Pfarrhaus. Weyland und der gutherzige Pfarrer umarmten den so unerwartet Hereintretenden mit der alten Herzlichkeit; auch Marie reichte ihm sogleich die Hände zum freundlichen Willkommensgruß. Nur die Mutter, unter dem Einfluß der bitteren Empfindungen, die sich angesichts des Mannes in ihrem Herzen regten, dessen Liebe ihrem Liebling so schwere Stunden tiefsten Weh's bereitet hatte, verharrte einige Minuten unbeweglich im Hintergrunde des Zimmers. Aber als Friedrike bittend ihre Hände ergriff und sie dem Freunde, der ihr mit ausgestreckten Händen entgegenkam, zuführte, da fühlte sie vor dem flehenden Blick seiner Augen allen Groll schwinden und seinen Händedruck herzlich erwidernd rief sie aus: „Willkommen, herzlich willkommen in Sesenheim!"

In heiterem Geplauder, während man einander von den Erlebnissen der Zwischenzeit, in der man sich nicht gesehen, erzählte, verging der Rest des Tages wie im Fluge. Und als Göthe am anderen Morgen nach einem herzlichen Abschiede von der gastlichen Pfarrersfamilie rüstig auf dem Wege nach Drusenheim dahinschritt, um zu dem, seiner in Straßburg harrenden fürstlichen Freunde zurückzukehren, da war ihm so froh und leicht zu Muthe, als sei er nun endlich von einem schweren Druck befreit, der Jahre lang auf seiner Seele gelastet hatte.

Druck von J. Kerskes, Berlin C., Niederwallstr. 22.